わたしの声

わたしの声
――一人称単数について

アルフォンソ・リンギス
水野友美子・小林耕二訳

水声社

本書は
《人類学の転回》叢書の一冊として
刊行された。

目次

I　ここにいること

1　存在することの偶然

一個の細菌が、わたしたちの多孔質の身体に入りこみ、増殖した。感染が広がった。一個のウイルス――エイズ、ヒトT細胞白血病ウイルス、ハンタウイルス、マールブルグ、ジュニン、サビア、マチュポ、ラッサ熱、オロポーシェウイルス、エボラ出血熱、デング熱、リフトバレー熱といったウイルス――が、キスを、愛咬を、口にしたサンドイッチを、飲んだ一杯の水を、吸いこんだ空気を通じて広がっていった。身体のなかのどこかとある細胞が突然変異し、わたしたちの生き血を啜り、とある日には癌が転移しているのが見つかる。アメリカ合衆国では、生死にかかわる自動車事故が年に四万件発生している。「死ぬべき時に死ね！」とフリードリヒ・ニーチェは言ったものだが[1]、その念頭にあったのは、覇権を掌握した偉大な指導者が生きながらえて暇をもてあまし、自分に媚びへつらった部下たちが政権を腐敗させてもそれに頓着しなくなったこと、才能と勇気に恵まれた者たちが、自身の仕事をやり遂げる前に命尽きたことだった。しかし死は来るべき時に到来する。外部から、ひとつの偶然である死が、長寿をまっとうしたいという人の意志を断ち切るのである。

とはいえ、わたしたちの命もまた偶然ではなかろうか。膣のなかにくり返し射精された、何百万の精子のひとつがやみくもに他を出し抜き、卵子にとらえられ、それが膨らんで分裂した。そしてある日、わたしが誕生したのである。わたしの身体の固有性を支える要因は、わたしが身ごもられた瞬間と、胚が発達していく過程の、遺伝学的、生化学的、環境的な諸力の交差にある。こうした力のネットワークの構成要素がわずかにでも違っていたら、だれも存在しなかったか、その子宮には——どんなに似かよっていたとしても——わたしとはまったく違うほかのだれかが宿ったことだろう。

物理学者、化学者、生物学者、遺伝学者は、幸運や不運の問題に見えるものを、決定論的に説明してみせる。かれらのこうした発見を知れば知るほど、電磁場、分子間の引力や衝突、進化のたどった紆余曲折においてプログラムされたもののどこにも、自分の存在を見出すことができない。わたしの足もとに、わたしの背後に、わたしを求めたもの、このわたしを必要としたものは何もないのである。

見よ、自然が昼間に、凝ったデザインの高山植物を配し、三百十九種のハチドリが澄んだ色彩を見せるさまを。北米では、夜が羽に鱗粉のついた一万五百種の蛾を羽ばたかせ、熱帯地方では巨大な花を花開かせる。打ち寄せる波の泡に映しだされる小さな虹、サンゴ礁に棲む二万五千種もの朱色や藍色の魚たちが泳ぎ回るさまを見よ。沈みゆく太陽が、名づけようのない色彩で空を染め上げる。その色は、毎夕、そして刻一刻と変化していくのだ。

また、偶然にも、地球には氷河があり、セコイアの木が、キリンが、ケツァールが、カメレオンが、蘭が存在する。

人間が他のものたちと分かたれており、わたしたちの力だけで存在しているという感覚は、あてにならない。わたしたちは、自分たちの人生を意のままにしているという感覚がまやかしであるという可能性に常につきまとわれている。人間が自立しているという考えは行きすぎたもので、悪影響を与えるものですらあるという可能性は、人間の自立の正当化、そしてその妥当性を揺るがせる。

2　わたしはどのようにしてここに存在することになったのか

わたしはどのようにしてここに存在することになったのか。意識をもった個人が、物質世界のなかに、生命体のなかに、どのようにして生じたのか。

わたしたちは目覚め、自分たちが下支えされていることに気づき活動を開始すると、そうした動作が地面のたゆまぬ支えによって保たれていることを知る。わたしたちは、自分たちが光と闇のなかに、空気に、ぬくもりと冷たさのなかに、色彩と、色の調子と、質感の密度のうちに自分たちが包まれていることを知る[1]。覚醒した感受性は、この限りのない現実と接している。この感受性は、種々の感覚データを記録するものではない。それは、自分の足元や前方にどこまでも広がる地面に安定を感じる感覚であり、光と闇の、空気とぬくもりの広がりに喜びを感じる感覚であり、光に満たされ、音がよくこだまする広大な空間のなかに自分自身を見出す、感極まった官能的な感覚である。こうした自然の力の支えや恩恵を享受するとき、感受性はいっそう強まり、ここにいるわたしという感覚に変わる。わたしは、快活な、流動的な、ときめくような喜びのなかにある自分を、平静で、沈着で、無気力な自分を、退屈で、憂鬱な、不安な自分を感じる。それは、「わたしは楽しむ」、「わたしは耐える」、「わたしは苦しむ」、わたしである。

生命体は、物質からなる組成物であり、概日リズムにしたがって内部を循環する液体や、そのすみずみまでいきわたる栄養素によって自己を保つ。生命体は不要なものを排泄する。それは多孔質である。生命体からは物質が漏洩し、蒸発し、熱が放出される。欠乏が、生命体が維持しようとする組成から判断し、不足が生じる。内部の意識はこれらの欠乏を必要や要求に変え、飢えや渇き、寒気、疲労に変える。これらの必要や要求が、生命体を外部環境に開き、その必要を満たす物質を得ようとする意識や行動を呼び覚ます。[2] そうした物質が生命体のなかに摂りこまれると――例えば、水分が吸収され、食物が消化されると――満たされたという意識が生命体全体に行きわたる。そのときに感じる自己意識は、「わたしは必要とする」、「わたしは欲求する」、「わたしは満足する」、わたしである。

わたしたちの身体はものとかかわりそれを操ることを通じて、見聞きしている。[3] ものの形、色、密度、伸縮性、流動性に、身体は諸力を感じとる。刃物の光沢には硬さと鋭さを、ぬかるみのなかに見え隠れする身の毛のよだつ鈍い光には粘着性の吸引力を、隙間なく敷かれた灰色のコンクリートには、自分たちの歩く歩道の確かな支えを感じる。わたしたちの目や手は、物質的なものに宿る力と、そうした力が弱めたり、分離させたり、動かしたりするものとの間にある、実際の、あるいは想定しうる関係性を把握することができる。前方に伸びる道がわたしが前に進むのを助けていることを、ものの配置がわたしの力に従ったり抵抗するのを感じるとき、わたしは自分自身を見出す。わたしの身体的および情動的な力が一体となるところに、またそれらの力がものを操作し、障害に直面するところに、わたしはある。行為する身体のなかに生じる自己感覚は、「わたしはできる」、わたしである。外部の力がわたしたちの身体に与える影響は、喜び、高揚、嫌悪、退屈といった感情に反映される。ものに対してどのように注意やエネルギーが注がれたかは、興奮、快活、スリル、安堵、倦怠といった感情に反映される。

もののなかには、わたしたちが他のものを自由にし、分離させ、動かすために使うことのできる力が存在し、そうした力は他のもののなかにも存在している。すべての目的はひるがえって手段になりうる。実践的なイニシアチブはすべてその先にある実践的なイニシアチブとかかわりをもつ。実践的な活動は必要を満たせばそこで終わりではない。

小道、道具、目的、障害物の実践的配置は、感受性が接触を保ち、そのなかに浸りこむ素材の奥行きによって決定される。大工仕事をする人が、梯子を使って屋根にのぼり、たるきやせき板の配置に目を凝らす。すると、ハンマーを握りしめてふるう手――釘の位置を定めて打ちつける手――は、ある目的を果たすための動作を離れ、それじたいで持続するリズムを刻むようになる。屋根は目に見える構造物から支えとして感じられる堅実さへと変貌する。ある目的に仕えようとする注意はしだいに遠のき、あとに残るのは、空から降り注ぐ光と新鮮な空気のなかで、ハンマーをふるう手のリズムの反響に耽る散漫な感覚である。

生命体はみずからを保持するための物質やエネルギーを新たにする必要があると、飢えや渇きを感じる。ところが、猫やカワウソが飢えや渇きを覚えるのは、遊ぶためにエネルギーの大半を消費したあとだ。ヒトの脳は、身体全体のエネルギー、栄養、酸素の二十パーセントをも消費するが、わたしたちの精神活動の多くは生命体の維持にかかわるものではない。むしろ脳は、多くの場合、他人のあれこれに注意を払ったり、同僚や友人と一緒に面白おかしい冗談をつづけざまに即興でこしらえたり、田舎をドライブしたときに目にする果てしなく多様な景色や、めまぐるしく話が展開する夜のテレビドラマを処理するといったことに使われている。生命体は、必要を満たすために活動する以上の過度なエネルギーを生みだす。

過剰なエネルギーは、人を健やかに、生き生きとさせ、爽快な気分にさせる。心は夢を見、そこに存在しないものの幻を描く。身体は踊り、ひとつの場所にとどまりながら、動いている。溢れんばかりの健やかさやたくましさ、とどまるところを知らない好奇心は、必要や手段の領域を軽々と飛び越える、意気揚々としたわたしを生じさせる。

意識のある生活は静止していない。それは眠っているときの朦朧とした意識の状態から日々の仕事や楽しみごとにいたるまで動いている。生活のリズムは経験によって中断される。「経験」という語は、いずれかの意識のある状態を指すものとして哲学に入ってきた。ところが通常の使用において「経験がある」とは、わたしたちが何らかのものや人との突然で思いがけない出合いに驚き、自分が感情にとらわれていることに気がつくことをいう。経験は、驚愕、喜びや不安、怒り、苦悩の発露によって特徴づけられる。

感情が揺さぶられる出合いは、高度の集中と、活性化し蓄積されたエネルギーをともなって生きられる経験である。そうした出合いは、驚きから始まる。つまり開始なのである。例えば怒りは、最大限の熱量と強度をもってすぐさま噴出する。羞恥心はただちに生じる。不安は、今にも起こりそうだとわたしたちが感じていることに対してにわかに発生する。

感情的なエネルギーは、わたしたちの前に突然あらわれたものや人の、不可解であったり、こちらを不安にさせたり、魅了したり、あるいは恐れを感じさせるような性格について、安堵や親密さをもたらす。驚嘆は、出来事やものの配置に輪郭を与え、慣れ親しんだものや、想定内のものの背景を退かせる。怒りは、容認しがたく、我慢できないものの限界を、不正の輪郭を定める。官能的

＊
＊
＊

な興奮は、わたしたちが歩道ですれ違う、実際には服を来た男性、女性、子どもたちの姿のなかに、力のみなぎる肉感的な形態やものをクローズアップさせる。

驚きや不安、悲しみの只中で、わたしたちの計画、思案、記憶は、はたと消える。突然の驚愕、憤怒、貪欲、苦痛は、現在の一切を支配する。怒りは不安を圧倒し、払いのける。強い不安は怒りや哀惜を締めだしてしまう。情熱は今この時に充満する。感情は過去の態度を維持することや、結果を考えることにそのエネルギーを割かない。当惑したときのショックや動揺、驚いて「ああ！」と喘ぐように息を吐くこと、悲嘆に崩れること、涙を流すこと、不安による震えや嫌悪感は、それを見ている人たちに対してわたしが合図を送っているのではない。感情はウラがないのである。

怒り、悲しみ、罪悪感、羞恥心。これらの違いをわたしたちは心の内側でただちに感じとることができる。そして、希望、不安、強欲、絶望、勇気の違いも。それぞれの感情には異なる対象があり、特有の緊張と加減がある。わたしたちは勇敢な行動を目撃して、危険な状況のもと自分ならばどのような行動を取るだろうかと思い巡らすことはある。とはいえ、暴力的な乱入者や、燃えさかる建物のなかに人びとが閉じこめられているのを目の当たりにしたとき、勇敢さとは何たるかを初めて理解するのだろう。嫉妬がどういうものであるかは、自分がその虜になるまでほんとうに理解することはできない。危険や脅威を警戒する猜疑心がわたしたちを不安にさせるのではない。むしろそれは、不安の生じかねない状況を慎重に回避するよう、わたしたちに働きかけるのである。

わたしたちは、怒りや嫉妬が「自分にやって来た」といい、「いったい何が起こったのかわからない」などという。だが実際は、わたしたちの自己の感覚とは、こうした経験をするなかで、もっとも凝縮され、強烈なものとなるのである。ぶるぶると震え、あとじさりし、縮こまった、わたしの身体。赤らめた顔や、むせび泣きと、わたしは隔たってはいない。むしろわたしは完全に、わたしの怒り、わたしの嫉妬、わたしの驚きの只中にいるのである。

感情的な状態にあって、わたしは自分がひとりであることに気づく。脅威が差し迫るとき、恐怖がわたしの人生の境界線や輪郭をさだめる。わたしが失った子どもや恋人、友人のことを、他人も嘆き悲しむだろう。しかし、わたしの悲しみはわたしのものであって、自分自身をその悲しみから隔てることはできない。嫉妬――息が詰まりそうなくらい身近な他人に熱中すること――は、普段のごくふつうの関心事からわたしを切り離す。怒りを感じているとき、不正や、権利侵害、侮辱に悩まされているとわたしが思う人生は、わたしのものである。たったひとつのものとして区別され、極限まで凝縮され、強められたわたし――それは、「わたしは興奮する」、「わたしはおおいに喜ぶ」、「わたしは怖い」、わたしである。

古代文学や古典文学においては、情念《パッション》が個々の人物にアイデンティティを付与した。例えば、ホメロスやギリシア悲劇、中世の叙事詩、ルネサンス時代の年代記、政治権力の理論、エリザベス朝の舞台演劇においては、情念のほとばしり、ぶつかり合い、突然の変化が、個人の行動や運命を定義し、社会の衝突や危機を定めるのである。

ところが精神をめぐる哲学は、わたしたちが特定の自己感覚を生じさせると感じる異なる状態を脇へ追いやり、「わたし」という語を使ってまったく同一かつ不変の何かを描こうとする。現代哲学は、実体を形而上のものとしてとらえる考えをしりぞけ、魂を不変の実体とする宗教的 - 形而上学的な考えをとりわけ否定した。代わって、個人の自我《エゴ》を、認識と意志の状態と働きの総体とし、連想的あるいは重要性のあるパターンによって統合され、記憶によって知りうるものとした。こうした自我は、本質的に私的なものである。任意の状況やさまざまな状況下で、他人の眼に映るわたしなるものは、記憶のなかにつくられる自我の単一性とは異なるものなのである。

自我の理論は、情念に衝き動かされた状態――自己の感覚がこの上なく凝縮され、強められたとき――に始まるものではなかった。このまさに「情念《パッション》」という語は、「感情」、「感覚」、「感傷」、「気分」といった語彙に置き換えられてしまったのである。(4) これらの語彙は、時々あらわれる特性や衝動をあらわすものとされている。自我とはこれらのものと一線を画すものである。自我はこれらの情念について考えることができ、それらと距離を置くことができ、それらをなだめ、それらに関して嘲笑的な態度をとることができる。

近代心理学の基礎には感情の両義性という考えがある。例えば、両親を愛しながらも、自立を強く望むがゆえに、かれらに腹を立てることがある。だれかをぎゃふんといわせて勝ち誇ったような気持ちになると同時に、そのことに気が咎めることがある。胎児を中絶して深い悲しみを覚えつつも、新たに得た自由に安堵することもある。このように感覚や感情が両義的であるということは、感覚や感情を管理しコントロールする可能性や必要性を正当化するのである。

近代の、自我とその感情、気持ち、感傷、気分をめぐる概念は、近代の重商主義社会の利害関係とぴったり合致している。つまりそれは、知覚できる実践的な環境のなかで持続性と規則性を維持することであり、目下の現実的な課題の尺度や均衡によって、わたしたちの本能的要求や力を測ることである。利害関係は、長期的展望をもった思考や利益の計算を尊び、混乱を生じさせる感情的状態を排除することを奨励する。ところが実際、近代の重商主義社会は強欲――怒り、悲しみ、恋愛ばかりか、恥、後悔、哀悼といった、破壊的な一時の感情を排除する情念――を支持するのである(5)。

情念にとらわれた状態は、一貫性のある、社会化された個人を破滅させ、重商主義社会を円滑に動かすことに支障をきたすものと考えられ、心の哲学の分野においては、周縁化され、病理とされてきた。ところが情念に支配された状態は、社会的および政治的な紛争、経済活動、メディアが伝える市場の動向のみならず、文学、劇場で上演される演劇、映画、テレビといった、わたしたちがみずからの生に関する理解を得るところにおいて、その中心にあり続けているのである。

3　わたしのいるところ

周囲の見取り図を描く

かぎりなく広がる、光と、空気と、ぬくもり――きらきらときらめきながら響きあう物質が、みずからの土台である大地を覆うようにして広がっている場所――に、わたしたちは住みかを定め、そこから出かけ、そこに戻る。わたしたちの住まいは、収集した道具一式を単に保管するための施設ではない。そこは親密さと静けさのための場所なのだ。[1] わたしたちの家は職場や市場の喧騒と切り離されている。肘掛け椅子や、バルコニーの椅子といった家具は、わたしたちの身体という実体と混ざり合い、支えとなり、休息を与えてくれる。ハイファイやテレビは、日常の関心と一線を画した娯楽で空間を満たす。植物、魚の泳ぐ水槽、裏庭は、そこに息づいている自然を〔わたしたちの住まいに〕招き入れる。

その州のあちこちに車を走らせていただけの頃、この町の景色は車窓を流れていく視覚的なパターンだった。しかし今、わたしたちはこの場所に住もうとしている。ホテルに部屋をとり、あるいは一軒家を借りる。そして、家のドアから職場へとつづくメインストリートを描き、食料雑貨店、クリーニング店、銀行、郵便局、映画館、バーに向かう横道を引く。進路を定め、目標を思い描き、道具を手に入れ、障害物にぶつかる。

使われている物とは、まずもって手に取られ、所有されている物である。それらの物はそれじたいで閉ざされている。(2) 物は手段であると同時に目的でもある。物はわたしたちの渇望を満足させ、必要に応える。そして、わたしたちの感受性や官能を引きつける。物は、静けさと親密さの空間に付属するものであり、楽しみのために手元に置かれている。

わたしたちが実践的な意図や目的にもとづいて見取り図を描いたエリアは限られたものである。大工や病棟を夜間巡回する看護師の作業領域は、道具的関係をかぎりなく世界中に広めることはない。(3) 食料雑貨店、クリーニング店、工場、オフィス、病院といった職場は、わたしたちが実践的な意図のもとに囲った区域であるが、それは同時にくつろぎの場であり、喜びを分かちあうところである。わたしたちにとって、ここに住むということは、ここに住みかを得るということであり、この町を満喫し、海に隣接する森林や、棚田のある山々を、北部あるいは熱帯地方の空模様を享受することである。

わたしたちが用いる手順や道具、わたしたちが働く目的の先にあるのは、今この手のなかにあるものや、壊れてしまったもの、使い果たされたもの、その途上にあるもの、傍に置かれてしまったものの背景にとどまらない(4)。その彼方には、未知のなにか、手つかずのなにかがあるのだ。そこには大地が、光が、空気が、空が——表面のなかにとどまることのない元素が存在する。それは、かぎりなく遠く、そして深いところに広がっていく。

リズミカルで旋律的な空間

生命体は物質からなる構成体で、そのなかを血液、栄養、エネルギーが、複数の概日リズムにしたがって循環している。感覚器官はその先端で振動する刺激を拾い、そうした刺激は、身体の生化学的な恒常性維持《ホメオスタシス》の度合いによって多様である。生命体の敏感な表面は、運動を、ごろごろという低い音を、圧力を、感触を、震えを、痛みを、規則正しい動きを、脈をともなう物質を記録する。

わたしたちは姿勢を変え、力を抜き、緊張し、ある姿勢をとってからまたほかの姿勢をとり、前進しては後退し、ものを避け、ものを操る。わたしたちは体を震わせ、揺すり、揺さぶり、振り、激しく上下に動かし、跳ね回り、身ぶりを使う。過剰なエネルギーのうねりが活性化し、高揚のなかでさらに強まると、今度は静かになる。わたしたちは外部の環境へと進み、活動し、家に帰る。特定のイニシアチブが普通のものになり、やがて習慣となる。わたしたちの身体のふるまいは、物理的刺激の影響に対する反応とはいえないが、目的に応じて発動するイニシアチブの連続でもまたないのである。身体の動作にはリズミカルで旋律的な構造がある。

わたしたちの呼吸のリズムは身体の規則に従いつつも、熱帯地方の低地の湿気を含んだ空気や、高地の薄い空気のピリピリとした風の勢いからも影響を受ける。心臓の鼓動は、興奮するような出来事や、おそろしい出来事に、夜は時計のチクタクいう音と同調している。概日リズムは、わたしたちの内臓を、昼夜のサイクルや、太陰月と季節のサイクルと調子を合わせる。歩くとき、わたしたちは自分の持つエネルギーの大きさや疲れ具合に応じた歩みとなるが、大股で歩くにせよ、ゆっくり歩くにせよ、岩場や砂地のリズムや、海岸に打ち寄せる波のそれを刻む。わたしたちの歩みは、自分たちの隣にあるもののペースをとらえるのである。

神経心理学者のアレクサンドル・ロマノヴィッチ・ルリアのいう「動的メロディー」[5]、ジル・ドゥルーズとフェリックス・ガタリのいう「リトルネロ」[6]は、わたしたちの本拠地《ホームベース》を確立し、その周囲に利用可能な区域を拡げ、その外の世界に行くための道筋を開く。

まだ動き回れず、ものを操ることもままならない幼児や、暗闇のなかで不安を感じた子どもが、鼻歌を歌って自分を落ち着かせる。その声は、空気の運動や活気を帯び、暗闇あるいは寄る辺のない空間に中心を生じさせる。子守唄は、赤ん坊のために安心して眠ることのできる場所を定める。ベッドカバー、あるいは机の上の書類がこすれるさらさらという音、ため息や咳払い、鼻歌や口笛といった音によって、子どもや大人はここ現在を維持し、彼あるいは彼女の存在をここに維持しているのである。わたしたちは脚をぶらぶらとさせて座り、指先で髪をまさぐり、鼻歌を歌い、口笛を吹き、両手を大きく振りながら、異なる景色を歩いていく、

朝の儀式——沐浴、朝食、新聞——は、一日の手始めとしてわたしたちがあえて行う一連の所作

ではない。わたしたちの本拠地《ホームベース》は、目をみはるような光景として、わたしたちの前に用意された装置ではない。むしろそれは、過ぎゆく部屋のリズムであり、それぞれの部屋には、独特の色調や色相、明度の強さがある。わたしたちの衣類、家具、台所の隅、ダイニングルーム、植物、窓、庭は、リズミカルなパターンを形成する。そうしたものの数々にわたしたちは反応する——ベッドを整え、皿を洗い、裏庭でのんびりと過ごすといった運動を反復することによって。わたしたちは、スタッカートのようにきらめく朝の光のなかを、あるいは通奏低音のような午後の薄暗い光のなかを動きまわる。

わたしたちは仕事に出る。植木にぐるりと囲まれた家々が見え隠れするのを尻目に自転車を漕ぐ。そして、ラッシュアワーの歩道をかき分けるようにして前進する人びとの速度やリズムに加わる。職場の窓を開け、上着や昼食を置き、仕事道具をきちんと並べ、そうすることで働くための空間を区切る。オフィスで働く人びとが交わす仕事上の挨拶ややりとりは、木こりの叫び声や、ボルガ川の船乗りの歌う作業歌のように、わたしたちがどこかで従事している作業を機能させる。路上に立つ物売りは呼びこみで、スナックや衣類を売りさばく空間を区切る。ショッピングモールに流れるミューザクは、労働者が大量生産の商品をリズムに合わせて積み、売り子たちがそれを売る場所を都市のざわめきや騒音のさなかに確保する。

適切で効率的な動作は、わたしたちの身体のうちにある「筋肉にそなわる音感」[7]がその外に響き渡っている、もしくは無音の反復を聞き分けるところに生じる。そうした動作は、変化する日の光や夜の暗闇、移り変わる四季のなかで、物の配置のもつパターンや循環に反応し、同僚や買い物客のリズム、空間の刻むペースやささやき声に合わせて動く。リズムや動的メロディーは、神経学者のオリヴァー・サックスが「活力と自由に満ちたわたし」と呼んだものの感覚を生じさせる。それはつまり、身体の内側の力が内部にある組織を維持しながら、栄養を循環させ、エネルギーを生みだし、余剰となったエネルギーを放出するという点で能動的であり、また、その認識や運動が外部の力の影響に対する単なる反応や、必要や欲求の切迫した状態に駆り立てられたものではないという点において自由である[8]。自分とは異なるペースでものごとを進めることを強いられていると感じるとき、わたしたちは自分自身と切り離されたように感じる。

わたしたちは単純に明確な意図があるから出発するのではない。わたしたちは、遠くからこだまするリトルネロを聞いて、足を踏みだすのだ。ある女性がドアを開けて、だれかを呼ぶか中へ招き入れる。大股で歩き、さようならや「やあ、こんにちは」といった挨拶をしながら、前進する――腕を振り、腰を揺らしながら、早歩きし、手足を大きく振って歩き、ヒールをこつこつといわせ、街や丘にむかう近道や遠道を通ったりしながら。

わたしたちは昼の休憩時間にウィンドウショッピングをしてから引きかえす職場や、平原をのんびりと歩いてたどり着く山をペースの変化によって、認識している。オーストラリアのアボリジニは、景観のリズムやメロディを感知し、そうしたソングラインをたどって大陸を横断する。

彼方から響くメロディを耳にして、わたしたちは住まいをあとにし、二度と帰らないこともある。

産卵期の鮭は、棲んでいた場所を離れ、卵を産むために生まれた場所に帰り、そこで死ぬ。カリブ海のロブスターは周期的に、外洋に向かって列をなして行進する。生物学者たちは、こうしたロブスターの長い行列は、地球上でいくつかの氷河期が進行したあとに起きたと考えている。そうした氷河期の最後のものは一万年前にさかのぼる。渡り鳥は、軌道上の地球の傾きが季節ごとに変化するのに応じて、地球の磁場の線をたどる。一万二千年前、ヒトの小さな群れが、未踏の地であった氷河を越えてアメリカ半球に渡った。かれらの進路は大吹雪が消してしまった。登山家、人間の住むことのできない土地を、密林を、砂漠を、氷に閉ざされた大陸を探索する冒険家は、死の淵にすすんで近づく。楽隊の誘惑にさそわれた男女が、外国との戦争の奏でる不協和音に向かっていき、政治家の目標や道理に異を唱え、死もいとわない。インドの行者は、中世ヨーロッパの巡礼者がそうしたように、超人的で超俗的な領域をもとめて家を出る。

感情的な空間

情念《パッション》は、わたしたちの前に突然生じた出来事や状況のもつ、驚くような、心を掴んで離さない、恐るべき性質を瞬時に把握し、日常的な関心を占める連続性や規則性の領域からそうした出来事や状況を切り離す。情念は注意を釘づけにし、目を落ち着きなくさせ、視点を対象と背景を行ったり来たりさせ、ある点からほかの点へと転じさせる。わたしたちの経験は、この世界――つまり、共通の世界、自然の世界、日常世界――のなかでわたしたちの身に起こる断続的な出来事ではなく、単に感情的な反応が注目させる出来事でもない。驚きや怒り、嫉妬、渇望を感じるとき、わたしたちはみずからを自分たちの空間にを見出すのである。

怒りや憤りは、赦しがそうであるように、我慢できないもの、受け容れがたいもの、不当なものの輪郭をあらわす。こうした感情は、わたし自身と、わたしが愛し大切に思う人びとが生活して活動する、侵されてはならない区域を明らかにする。喜びや寛大さ、さらに野望や強欲さえもが、みずからの生活空間を他人が伺い知ることのない輝かしい地平までに押し拡げる。

情念《パッション》の空間には独特の内部構造がある。情念は、わたしとどれほど近しいか、あるいはわたしとどれほど隔たっているかという、濃淡をはっきりとしめす（アリストテレスはこう記している。わたしたちがだれかのことを案じるときは、不意にその人が自分たちに近しい、あるいは親密なつながりを持つ者のように感じる。だれかのことを哀れに思うときは、その人が自分たちとは隔たった、遠い存在のように感じる）[9]。恐怖を感じるとき、あっという間に悪しきものに転じた最初のきっかけが、ことの深刻さと結末において、まったく釣り合わないと考える[10]。笑いがどっと生じたとき、わたしたちは、因果律の破綻の連鎖が、取るに足らない無害な結果におさまったことを理解する。悲しみは空間の起伏を消し、どこも等しく空虚なものに見せる。

情念にとらわれる経験——突発的に起こるもの、持続しているもの、終わろうとしているもの——には、鮮やかな時間感覚がある。そうした時間感覚は、個人的な時間の延長にあり、公のまたは共通の時間や、自然の時間とも切り離されている。怒りや屈辱を感じる時とは、直前の過去を現在の時間に並置している時間である。この直前の過去はわたし自身の過去であるが、社会生活や自然のなかで生じる出来事は、共通かつ匿名の過去へと退く。それは、折々に思いだすことによって触れ、忘却によってつながりを見失う、わたしたちの人生の過去の様相の広がりと断絶している。そうした過去の広がりではなく、怒りや屈辱を味わうときにあらわになる、わたしの直前の過去こそが不安や希望を払いのける。

不安や希望を胸にわたしたちが面と向かう差し迫った未来は、わたしたちが断続的に行う計算や計画、熟考のうえでの判断をとおして触れている、可能性や偶発性の領域と切り離されている。差し迫った未来は、異なる帯や媒質の時間であり、それはたんなる世界の存在、つまり事物や事象が次々と生じる普遍的かつ匿名の時間とは異なるものなのである。

感情的な経験の時間には、それぞれに独自の速度やペースがある。ぞっとするような経験をした時間は、高鳴る胸のなかでふくらみ、衝突や落下をスローモーションでとらえた目に焼き付けられる。興奮のさなかでは、それがいかに長いか短いかをわたしたちに感じさせずに、時間は延長する。驚嘆しているときは、内なる時間の区分があいまいになり、持続時間は永遠——停止した現在——のようになる。気がふれたように自暴自棄になっているときは、時間は前に疾走する。

感情が噴きだし、ある高みにまで達すると、それにふさわしい分だけ持続する。そして消耗し、やがて消えていく。侮辱、傷害、攻撃にたいする怒りは、たちどころに生じ即座に発動する。遅きに失する応酬はもはや怒りが駆り立てたものとはいえない。そうした応酬は、計画的で想像たくましいものとなり、憤りを生じさせた行為とかかわりのないだれか、つまりはすでに別人となっただれかを攻撃する。哀悼の行為をあまりに早く切り上げることは、他者にたいして――自分たちにたいしても――それが形ばかりのふるまいであったことをしめす。ところが、冗長にすぎる哀悼の行為は、無関心、虚脱感、意気消沈、あるいは病的執着である(11)。

感情的な経験は、エネルギーの高い状態であり、動揺や行動から生じる。怒りが報復のさなかに発動し、敗走のさなかに不安が生じる。だれかの死を悼むことは、友人や両親、恋人を亡くしたことで自分たちがうしなったものが何であるかを理解し、故人の想い出と、自分たちの思考や行動につきまとうかれらの存在といかに生きていくかを学ばなければならない時間である。

感情的な状態は激しいままのこともあるが、突然、嫉妬が憤りに、憤りが哀悼や恥辱に、野心が罪悪感に変わることがある。概してこうした変化は一方通行である。たとえば、憤りが嫉妬に変わることや、愛情や罪悪感が野心に変わることはない。嫉妬が憤りとなり、罪悪感や愛情が野心に変わるとすれば、それは最初の状態の勢いが弱まったか中断され、なんらかの出合いや災難によって新しい感情が生じたためである。感情的な状態の多くは、ほかのだれかが感情的な状態に陥っているのを見かけたり、社会生活を滞りなく行うことを課されたときに、きまりの悪い、恥ずかしいものに変わる。

感情的な状態は、ありったけのエネルギーと〔さまざまな〕感情の調性が放出される、決定的な行為によって終結することがある。ギャングの抗争以外の殺人事件のほとんどは、「痴情のもつれ」である。嫉妬にかられた者、辱めをうけた者、腹を立てた者が、恋人、配偶者、かつての配偶者、宿敵、果てはわが子や宿敵の子を殺める。そうした行為は、怒りや屈辱、嫉妬の大きさを物語るものさしとなり、その激情はしばしば罪悪感や自己嫌悪、被害者の無垢な愛に変換される。

立て続けにさまざまなことが起こること、あるいは、とある対象や事象が異なる時間や別の見方によって違う側面を見せることは、多岐の相反する情念をしばしば生じさせる。思いやりがあって愛情深く、そしてまた怒りっぽくて批判的な恋人は、愛と献身と、またフラストレーションと怒りを生じさせる。わたしたちはみずからのなかで激しい反応がぶつかり合うことにくたくたになり、疲れ果てていることに気づく。そして自分たちが熱心にかかわっていた対象から身を引き、遠目に眺めようとし、それに関して「客観性」なるものを達成しようとする。異なる状況において目にした恋人の姿を、その人の全体あるいはその性質の下位の様相ととらえるのは、わたしたちが想像する一面的な見解を通じてである[12]。

わたしたちの空間をつくる

サンゴ礁の魚たちは派手な色彩や模様で自分たちのなわばりをしめす。鳥たちは絢爛豪華な羽を誇示し、さえずりでなわばりを共有しあう。白い襟つきの服やグレーのフランネルの服に着替えた学生やブルーカラーの労働者は、産業や商業の分野であらたな居場所を得る。「流行りの」服や装いに身を包み、街にやって来たばかりの若い女性が、方々のクラブを自分のなわばりだと訴える。

港湾労働者は刺青によって河岸の一区画をわがものと宣言し、バイク走者はザ・ヘルズ・アミッシュが走る一般道路をわがものだと主張する[13]。

身体はその姿勢や足どりを調整し、物資の処理や障害物の回避のために持てる力を動員し、身の回りにあるすべてのものに応答している。たとえば、表現ゆたかな動作――叫び声や姿勢、誇示、身ぶり、儀礼――によって、わたしたちは空間を囲い、印をつける。こうした表現は、最初にわたしたちの心に浮かんだ概念や企図を外面化するのではない。それらの表現は、物や状況と結びつき、境界線を引き、分割し、運動を減速させあるいは加速させる。またそうした表現は、わたしたちの身体を物や出来事から分離させ、もっと遠くにある物や出来事に触れさせる。

幅の狭いはしごをのぼったあとで、飛びこみ台を踏むダイバーの二歩のステップは、これから彼女が飛びこもうとする何もない空間を予期している。ハンググライダーで飛行しようとする人は、虚空を前にうなづくと、バランスを保った姿勢で助走をはじめ、崖から飛び立つ。突然の幸運に見舞われたとき、身体はつま先立ちでくるりと廻り、日々の必要からくる退屈な要求から放たれる。読みものをしている人の指はテーブルをコツコツと鳴らし、両足はその下でツー・ステップを踏み、指は垂れた髪をまさぐる。彼女は小説の空間に意識を向けつつも、その身体は踊り、秩序の保たれた公立図書館の空間から切り離される。

笑顔、叫び声、握手、抱擁、笑いは、空間の一区画を区切り、あるいはそれを開け放つ。離れた場所にいる友人を呼ぶ声は、道や障害物をみな超えて、その人と接触する最短ルートを見出す。挙手し、うなずいたりすることによって、わたしたちはスポークスマンが発揮しようとしているイニシアチブに賛同し、そうだ！　いいぞ！　という具合に、その人物とその行動に対する忠誠を誓う。だれかの非難にたいして、薬指を突き立てて、説明や弁明を求める声をしりぞける。喧嘩もまた表現豊かなものである。議論は争いをもって決着をつけられる――とりわけその議論が、勇気、名誉、忠誠心、あるいはわたしたちの確信の誠実さや強さに関する場合はそうだ。争うことによって、わたしたちは自分たちのための空間を新たにつくり、あるいは締めだされる。

空間のなかには、目的を想像したり、はっきりと説明することや、実用可能なものを何ひとつ見出せないが、優しく、驚くべき、畏敬の念にうたれたまなざしをもってわたしたちが抱擁するものがある。わたしたちの発するおよそ意味のあることばは、その人の苦しみに触れられはしないが、差しだしたこの手は、死に瀕している知らないだれかの腕をさすることができる。

ソーホーのゲイパブに何者かがジム・バッグを置き去りにした。男が立ち去ったあと、バッグに入っていた手製の釘爆弾が爆発した。三名が亡くなり、その他百名の人びとの肉体や目が切り裂かれた。あくる日、警察の敷いたバリケードのたもとに、人びとが花を手向けていた。その日は昼も夜も人びとが途切れることなく現場を訪れ、うず高く積まれていく花束の山をじっと見つめていた。集まった人びとは、ゲイの人びとやその他の周縁におかれた人びとに対する攻撃がおこなわれた場所が、自分たちのものであるという印を刻んでいた。人びとは何も言わずにその場所を離れていった。口にすることばがなかった。

ピーター・ウィアー監督の映画「The Last Wave」に次のような弁護士が登場する。その人は、部族の掟をおかしたことを理由にほかのアボリジニを殺害した、都市部に住むアボリジニの弁護をしており、その両者に影響力があると思われる部族の長老を探している。そして、がらんとした部屋の床にひとり座っている老人を見つける。「あなたはどなたですか?」。弁護士は尋ねる。すると老人はこう答える。「あなたはどなたですか」。その問いをくり返しながら、声はしだいに小さくなっていく。「あなたはどなたですか……あなたはどなたですか……あなたはどなたですか……あなたはどなたですか……」。そして声はとうとうハミングになる。そのハミングは、この白人の弁護士のまわりでソングラインを響かせはじめた。ソングラインとは、オーストラリアのアボリジニがドリームタイムの頃から緻密にまとめあげてきたものだ。弁護士は、オフィスや法廷で言及したり、はっきりと説明できるようなことばを聞きだせないままそこを去った。

表現は、状況や出来事に区切りや句読点を与え、それじたいが終わりを迎える。わたしたちは、都市の抗争の現場に花束を手向けるという儀礼について概括することはしない。わたしたちが感じるのは、より多様なもっと広い文脈において表現が反復され、そうした文脈で解釈が生じ、また解釈を必要とするようになると、その力が失われるということだ。ことばが表現を解釈するとき、わたしたちは、ことばを反復可能なものにする抽象性と、ことばが呼び名を与え、はっきりと示した物がもはや存在しなくなったときも微塵も変わらないことばの果たす機能のあいだに、乖離を感じるのである。オーストラリアのアボリジニは、だれかが亡くなると、故人の呼び名を口にするのをやめる。そして、その人が絵画作品を遺した場合、アボリジニの美術作品を収蔵する博物館の学芸員は、名前の記された作品を公の場所から撤去しなければならない。

Ⅱ
声

4 接触する声

ざわめく空間

土曜日のある日、わたしたちは起床しラジオをつけた。アパートの部屋は、おなじみのニュースキャスターの声——こちらが注意を払ったり反応する必要のない、顔のないだれかの声——で満たされた。わたしたちはシャワーを浴び、コーヒーを淹れるために湯を沸かし、目玉焼きを焼いた。外では秋の乾燥した木立の葉っぱのあいだで、鳥たちのさえずりや互いを呼ぶ声がきらきらときらめいている。わたしたちはエアロビクスに行かず、のんびりと散歩に出かけることにした。

野原の昆虫がブーンというかすかな羽音や、さっと通り過ぎていくそよ風のなか、土曜の朝のまばらな車の流れがしだいに遠ざかると、町はずれに来たことを感じた。時折、こちらに近づいてくる車の絶えまないガタガタという音が、わたしたちの前方と背後に道を拡張していく。森に足を踏み入れると、周囲の木の葉がさらさらと音をたて、リスたちが時々転げ回っているのだった。足下では、岩の上を這うように水が流れ、ごぼごぼと音を立てるのに出くわした。そしてひとたび森を出ると、さまざまな種類の犬たちのキャンキャンという鳴き声、遠吠え、うなり声が、広大な敷地に小さな家の建つ住宅地の界隈に境目をつくっていた。そしてついに、行き交う車の騒音に混ざって、遊びにくりだしてきた学生たちの呼びかけ声や笑い声で、わたしたちは土曜の夜の街なかにいることに気がつくのだった。

散歩のあいだじゅう、周囲に響く音が空間を拡張し、区域や距離の差異を際立たせた。空間の差異は目に見えて明らかなものでも、測れるものでもない。何かがそこかしこでわたしたちの注意を引いたのだ——つまり、視線の先に対象がぶら下がっていたのである。時にわたしたちは対象に焦点をしぼって近づくこともあった。しかしそれ以外は、見るべきものを探して空間を走査していたのではなかった。むしろわたしたちの目は、道端に茂るタマザキクサフジやアキノキリンソウのリズムになぐさめられていた。わたしたちの視線は、広々とした野原や流れる雲をさまよい、小川の水面にこぼれる光や苔むした土手を転々としつつも、それらの幅や深さを測定することはなかった。

調和と不調和

声は音のないところから発せられるのではない。声は身体のなかの管を吹き抜ける風の調子、密度と共鳴し、うなり、あまたのひそひそ声、呼びかけが行き交う周囲の環境のなかで、旋律とことばを形づくるのだ。その声は、何かがブンブンとうなる音、パチパチとはじける音、周囲のささやき声に加わる。

だれかに「ねえ、きみ」と呼びかけるときの、これらのことばを発する声のすましたような調子は、向こうにいる男性その人を呼んでいるのであって、学生やウェイター、見ず知らずのだれかを呼んでいるのではない。わたしたちは、自分を呼ぶだれかの声にこもった、切迫、心配、怯え、快活、驚きといったトーンを感じとる。そして彼女の声は、わたしたちの応答に反響する。落ち着いて、制御された、おせっかいな生活のトーンが支配するオフィスに乱入した若者の、半狂乱のトーンに応じることは、彼女の発言の真意を理解することを拒む前に、彼女のそのトーンを拒むこと、つまりは彼女を拒むことなのである。

わたしたちは子猫が喉をゴロゴロと鳴らすのを、カエルが甲高い声で鳴くのを、迷子のアヒルの子が悲しげな声で鳴くのを、親をなくした猿が泣き叫ぶ声を理解する。熱帯の島の端にある漁村にただようトーンや、花盛りの砂丘、アンデス山脈の氷河のトーンを感じとる。ことばが発せられるとき、これらの事物や出来事のトーンが、わたしたちの声に反響する。わたしたちのことばづかいの速さやアクセントは、事物や出来事の、平穏あるいは熱狂的な運動を、リズムや周期性を、躍動や爆発を表現する。わたしたちのことばは、蟻の隊列の興奮したトーンを、船から荷を降ろす港湾労働者たちのシンコペーションを、夕暮れのマダガスカルの空の下に広がる太平洋の息を呑むような紫色を明快に表現することができる。わたしたちのことばは、ダンスの、洞窟の、大聖堂のもつトーンを、速度を、リズムを、広がりを反響させる。そしてことばは、音がよく聞こえない、あるいは音がまったく聞こえない静寂に帰る。

　森を見るために友人と歩いているとき、わたしたちは身の周りにあるものについて語る。わたしたちのことばは、木々や岩々、あるいはそこで立ったり動いたりしている森の住人たちに対して挨拶するという運動である。ことばは、ひっそりと隠れていた森の一員を召喚し、その形や行動に言及し、あるいは強調し、口にする必要のある事柄のみ、しかも一度だけ発言し、さらりとかわすこともあれば、慎むべき事柄や口にするのをためらうような事柄には触れないでおく。概括的あるいは詳細なことば、叙述や限定的な副詞、語句の文法上の構造は、森のなかにものがどのように配置されているかを図示したりはしない。しかし、ありきたりな認識や感傷的な陳腐な表現、取るに足らない、平凡で、抽象的な、森をめぐることばが、自然のさらさらという音や、がやがやという喧騒を満たし、わたしたちの周囲の目で見て耳で聞くことのできる森を遠ざけてしまう。わたしたちの発することばは、相応しくない話し方や類型化に対する否定がちりばめられている。「いや、それは……ではないのです」というふうに。

　わたしたちの発言、感嘆、熟慮は——調子や速度、ことばの選定において——、光と影、色彩、形状、地平が、そのかたちを織りなし、引きだされ、変化し、解体し、強まり、ゆるやかに《アンダンテ》動き、わたしたちの歩く速さや一瞥する目の動きに合わせてスタッカートで生じるのに応答しそれに合わせる。わたしたちのことばは単に目に見える森を描くのではない。わたしたちの目は積極的に探索し、〔目に見えないものを〕明るみにだすのだ。(1) わたしたちのことばは、身体が物や出来事とのあいだに生じさせる接触を減速させていっそう激しいものにし、あるいは加速させ、身体を新たな方向に向けさせ、視点や聴覚を一点に集中させることもあれば、あてもなく移動させることもある。そして森はといえば、わたしたちの前に出来事を起こさせ、風景を変化させ、疑問や感嘆を生じさせ、発言を活発にさせる。

夏のたそがれ時、わたしたちは話し声を低くし、虫たちの甲高い声が奏でる対位法に耳を澄ませる。レストランの、多くのさまざまな会話がくり広げられる喧騒のなか、わたしたちは声の高さやトーンを変化させて――憤慨したトーン、厳粛なトーン、うわついたトーン、気取ったトーン、というふうに――友人と話す。ことばはすらすらと出てこない。わたしたちは言いよどみ、沈黙するが、それは単なる空白で、大した意味をもたない静寂である。わたしたちは「あー」や「うーん」といった、自分が探している語句の代わりにならないもので〔会話を〕埋める。常套句や陳腐な表現をさしはさむのは、くみ取られた真実に引き寄せるためではなく、会話のまじめさを和らげるためであり、その会話のもつ意義の一部かほとんどを台無しにするか、ただのおしゃべりに変えてしまう。わたしたちは発言を引用したり、自分たちがついさっき口にしたことをくり返しながら、声を高くしたり低くしてみたり、淡々とあるいは歌うようにくり返してみたり、流れるような旋律やささやき声で真似をしたり、母音を伸ばしてみたり子音を弾かせたり響かせたりする。わたしたちの声はうねる波であり、ゴロゴロという音やサラサラという音を立て、どんどんと鳴り響き、おしゃべりをする大地や都市のあちこちを移動している。わたしたちのことばは、物の声を取り次ぎ、それに応答している。

5　探索する声

運動筋肉や発声の反復によって、またことばによって、わたしたちは領域を境界づける。「はい、……ということを理解しました」、「戦争になるかもしれないという昨日の報道をご存知ですか」、「では、さっきの点についてもう一度考えてみましょう」。こうした物言いがわたしたちの本拠地をさだめる。わたしたちは、自動車整備士として働いた十五年間の経験のなかに自己を位置づける。獣医学とその実践にみずからの場所をさだめる。フロイトやハイデガーのテキストのなかに自身を確立する。

怒りのこもった声は、耐えがたいもの、不正なものの輪郭をあらわにする。不安に満ちた声は、避難所を探し求め、退却するための方角、逃げ道をしめす。死者を哀惜する声は、喪失の輪郭や大きさをしめす。自分たちの活動や計画について語るとき、わたしたちのことばは事柄や手段の具体的な特徴を明らかにし、身近な出来事と遠い出来事とを結びつける。ことばはある状態をそれ以外の状態によって説明する。

探索は、感嘆や吐息、言いよどみ、沈黙によって進行をさまたげられる。陳述、問い、仮説、そして異論が、標高地形図の上に、新しい、または異なる線を引く。ひとつの会話の運動が、放射線状に分岐し、ふたたびひとつになり、袋小路や結論にいたって、止まる。何本かのより糸が絡まり合って完全な全体をなし、普遍化が生じると、それ以上先に進めない瞬間がやってくる。

機械のマニュアルの説明は、装置の組み立て順序をしめし、モーターがどのように作動するかや、故障の原因や解決法を説明する。社会学や人類学の研究は、ある社会の親族関係やそれにもとづく分業を図示し、資源の分配と売買を描き、司法制度と政治制度をつまびらかにし、世界観や信仰をあらわす表象を仔細に描く。そうした研究は、これらの重なり合うシステム間の力学を緻密に描きだそうとする——いかにこれらのシステムが互いに作用し、交わり、それぞれが持続しているのか。また、心理学の研究論文に描かれるような、個人の感情や知性の面での進化の段階を持ちだして、出生率の非常に高い社会や急速な高齢化を迎えた社会における、経済的な生産性や政治的な要請を明らかにしようとする。

物語は時間区分を定める。ある事象がそれ以前に生じたほかの関連する条項や事象から生じたことを明らかにすることによって、事象を説明する。(1) 関連性と重要性は、歴史学、社会学、人類学、美学、精神分析では、異なる定義を与えられている。これから起きる出来事を想定するのは、今起きている出来事が重要だと考えられている身体。とはいえ、こうして想定された出来事が、実際に起きるとはかぎらない。個々の発見や、発明、紛争、勝利、敗北の重要性は、当代の歴史家と後代の歴史家とでは、異なるかたちで描かれるはずである。

経験科学は、観察記録を単に蓄積したものではない。それは説明体系なのである。観察記録は、類似性にもとづいて分類される。そして、より一般的な陳述や自然の法則がそれらの観察記録から導かれる。自然の法則は観察記録に説明を与え、それらの法則から予測が生じる。そのようにして記録が蓄積され、自然の法則に照らしてみたとき、観察記録は演繹的にみちびかれる。自然の法則は、ひとつの理論を構築するなかで調整されうる。その理論が自然の法則を説明する。理論はそのようにして定式化され、自然の法則はそうした理論から演繹的にたどりうるものとなる。経験的な法則と理論は、観察された存在や事象が存在し、相互作用していることが観察——そして予測——される区域をしめす。

あまさず網羅された観察の陳述はいずれも、ひとつ以上の法則を定式化し、その結果として複数の理論を生じさせる。(2) どの法則や理論が受け入れられるかは、次のような判断に左右される——もっとも重要な事例に当てはまる説明はどれか、その分野の整合性や簡潔性にもっともふさわしいものはどれか、経験主義の研究において新たな領域と手法を示唆する働きをしているのはどれか。

わたしたちは、ある領域からほかの領域へ組織体系の専門用語、モデル、手法を転用し、これらがどのような効能をもたらすかを考える——たとえば、精神分析の言語を政治経済に取り入れ、微生物学のそれを精神分析に導入する。コンピューター科学のある概念やモデルを認知科学に用いるとき、わたしたちは同一の現象を別の語彙で構築しているのではない。むしろ、顧みられることのない、明瞭に表現されていなかったものが、認識され、構造化されるようになり、事物が新たな方法で関連づけられ、その途上で古いパラダイムが脇に追いやられるのである。一方、不十分なことばも存在し、そうしたものは区分があるべき水準を満たさず、ほかの領域においては当然の関係を、過度に単純化するか無きものにしてしまう。これらの特徴は、音楽学に導入された感情の心理学の価値や、経済学における動力学、文化人類学における進化生物学の価値を、限定的なものにとどめている。

6　体系化し、命令することば

ことばはわたしたちの行動を命じる。ことばは、環境を区切り、道筋や有益なつながりを明示し、可能性を心に描かせ、結果を予期することによって、わたしたちのいる環境を体系化する。ことばは、保護すべきもの、大切に育むべきもの、修繕すべきもの、建てるべきものを知らせ、資源や緊急度を分類する。ことばは、何かを指示し、情報を伝えるばかりか、命じるものでもある。ことばは、行動するように、あるいは行動しないように、わたしたちをうながし、命令する。

数字以外のものと関係をもたないたんなる数値、たとえば、一、二、百、千、百万は、体系化の手段として機能する。数値は、とどまるところを知らない侵略戦争においては、軍事組織の強力な手段である。たとえば、何世紀にもわたって中央アジアのステップ全体をあまねく攻撃した偉大なるハンたちがそうだった(1)。ひとつの村から十人、町や氏族ごとに百人の男たちを徴兵し、軍隊を編成する。ひとつの団に対して百頭の馬を徴用する。進軍した先々の町で、十頭の肉牛と百秤の小麦と大麦の供給を求める。軍隊はステップを縦横無尽に進軍し、日に二十マイル移動する。敵陣の東側には五百人の騎兵隊を、西側には五百人の騎兵隊を送りこむ。奇襲や戦闘の最後には、敗北が数値で表される。われわれは百人、敵軍は五百人が死んだ、と。

数や算術は、多国籍企業を組織し、製品を多様化させ、人件費と輸送費をどこよりも安く抑えられるところに組立工場を配置する。数や算術は個人をも組織化し、多様な職業への就業機会や収入にもとづいて大学の専攻を決定することや、給与の何割を住宅の購入費にあてるか、何割を子どもの教育費に使うか、子どもを何人もうけるか、いつ退職するか、残りの人生をどこで過ごすかといったことを決めさせる。

Ⅲ　誓いのことば

7　重要なものと差し迫ったもの

さまざまな人物、動物、生態系、建物、芸術作品に親しむにつれて、わたしたちは認識や概念に関する感覚を研ぎ澄ませ、論理的洞察、理解の幅や深さ、重要なものと取るに足らないものを区別する能力を育んでいく。とどのつまり、理解するとはそういうことである。

「重要性」という語は、その言い換えとして挙げられる語彙や、そのことばから導かれうる、ほかのどんなことばにまさってわかりやすいことばのひとつである。たとえばそうしたほかのことばには、「壮大な」、「立派な」、「すばらしい」、「崇高な」、スペイン語の「transcendent（超越した）」が挙げられる。

「重要性」とは単純に、とある規定をあらわした用語でも、抽象的なカテゴリーでもない。重要性の概念を理解した人はみな、特定の人物、動物、生態系、建物や芸術作品を経験することを通じて、それを心得るようになったのである。重要性は、バオバブの木に、ボロブドゥール遺跡のストゥーパに、アンデス山脈の氷河の上空を舞うコンドルの姿に、スティーヴ・ビコの熱情と清廉さに見られる。これらのものを、認識や概念の感覚をもって、論理的な洞察、理解の幅や深さをもって見ること。それがこれらの重要性を理解することなのである。これらのものに重要性を見出す認識は、その根拠をつまびらかにしようとする手続きによって導かれたのではない。そうした認識は、人間の命や、大気の化学成分に対する森林の重要性といった、包括的な言説から導きだされたものではないのである。

　重要性は、〔あるものの〕重要性について語る人や、それを利用する人にとってのみ重要であることを意味しない。例えば、ある切手を入手することは、切手の収集家にとっては大切なことに違いない。とはいえ、収集家がその価値を声高にせずとも、切手は純粋かつ単純に重要なのだ[1]。重要性は、それが外部の現実にとって重要であることを意味しない——ルーヴル美術館、人類、地球という惑星が、森羅万象にとって重要なものであるというようには。

　わたしたちは、自分にとって重要なもの——あるいは産業、制度、文化、生態系にとって重要なもの——と、単にそれじたい重要なもの、つまりそれそのものに重要性をそなえたもの、そのもののなかに重要性が見出されるものとを区別している。ベートーヴェンの「ミサ・ソレムニス」を完璧にリハーサルすることは重要である。ある女性が年配のだれかの家で人知れずとった誠意ある行動は、重要なのである。

テオティワカンのピラミッド群の大きさには威厳がある。ピラミッドの頂に登ると、わたしたちは身体のすべての力をもって、自分たちがいかにとるに足らない存在であるかを悟る。わたしたちが眼にするのは、低いピラミッド群の形状が遠くの丘と対応しており、人間の支配者の意志や虚栄心ではなく、太古の昔から存在する岩石や太陽、月を表すさまである。一方、アルハンブラ宮殿のカルロス五世宮殿の巨大さにこうした威厳はない――カルロス五世宮殿の広場は、ナスル朝宮殿とテラス、庭、その背後にある白い雪を冠した山々の調和を、粗暴にも台無しにしているからである。

鉱物の力が無限におりなす崖の不規則な線や形状には圧倒されるものがある。嵐の海の荒ぶる力はわたしたちを支配する。明るい白色をしたときのこのフィラメントの根が歩道のスラブを持ち上げる姿は何か厳かなものを感じさせる。

重要性は、視座の範囲において知覚され、揺らぎ、ニーチェのいう「距離のパトス」(2)において感じとられる。聖ソフィア大聖堂においては、ビザンツ帝国の世界の様相――現実の高さや深さの観念、勝利と零落への指向が、最初に築かれ、それを今日も目にすることができる。ルビー色をした巨石のウルルは、大陸のまさに中心のごとく、中央オーストラリアのどこまでも平らな砂漠を支配している。ある女性が心を寄せる男性の、感謝に満ちた、品のある、快活なまなざしは、彼女の見るもの触れるものすべてを輝かせる。森のなかではかない野生の草花を前にしたとき、わたしたちはもの悲しさとともに花の命をおびやかす周囲の力の大きさを感じる。鶴の一種が絶滅の危機にあるなかでわたしたちが思い描くのは、その種が失われた時の果てしのない荒廃である。

マルティン・ハイデガーは、事物に関する実在的な評価を、関係性に基づく評価に代えた。曰く、わたしたちが事物に見出すものは、そのものの「特性」――つまりそれらのものに属する特徴――ではなく「適性」である。「適性」とは、事物が周囲にあるほかの事物に適応する、あるいは周囲にあるほかの事物に抗って、わたしたちの企図に適合する具体的なあり方である。[3] ところが、事物や事象の崇高さが認められるのは、わたしたちの企図に対する適性をはかる概念をそれらのものが超越するそのあり方である。そのサイズや、力、威光、手つかずの自由が、わたしたちが事物についてあみだした使用にそれらのものを従わせてはおかないのである。

「あそこにあるのは材木じゃありません……セコイアの森なのです」。この発言が伝えるのは、樹木を人間の使用に従属させるという発想と、樹木のあらゆる現実に関する認識との完全な不均衡である。セコイアの森の雄大さは、ぐんぐんと空高く成長する樹木のうちにあらわれる。そうした木々の様子は、わたしたちの目を上に向けさせ、重たく沈んだあらゆるものからわたしたちを引き上げる。セコイアの森は、わたしたちがそれらの木々が重ねてきた計りしれない歳月を理解し、ほかのあらゆる力に抗うその力にみずからをしめす――というのは、セコイアの木々に直撃し、枯れ枝を芯まで焼き尽くした雷も、病気も、干ばつも、人間がチェーンソーを発明するまでは、いかなるものもセコイアの木を殺すことはできないのである。ハチドリの素晴らしさは品のよいその姿や、動きの複雑さ、並外れた力強さ（ハチドリは、一秒あたり七十回羽ばたくことができ、その筋力は、認知されているどの生きものにまさって強靭である）[4] と、生き生きとした感覚であり、人間の鈍い感覚にはほとんどわからないものを理解し、味わっている。

＊　＊　＊

とはいえ、何が重要かということほど論議に左右されるものがあるだろうか。

そうした論議は、重要性の根拠となるわたしたちの知識を広げたり、深めたり、豊かにすることによって決着がつけられる。「そんなことをしてはだめです。まだ子どもなんですよ」。「子どもだって？　このくそがき、この悪党が？」。店の主人は、盗みをおかした少年をひっぱたきながら、スラム街に住む子どもたち、この少年に関する認識をしめす。〔一方〕ソーシャルワーカーは意義を唱え、この子の抱える感情や衝動は、店主が彼を殴ることでもたらそうとしている、脅しによる服従に応えるべくもないこと、またこの少年の感情や衝動は、ほかの子どもたちや店主の子どもたちと変わらず、思いやりに満ちた行動によって導かれるべきだという認識をあらわす。魔女を火あぶりにすることや、奴隷制度、性的マイノリティに対する抑圧に終止符を打とうと議論するとき、わたしたちは巷に広がるそれらの情報が誤っており、そうした情報を真実のそれに換えようと画策する。例えば、湿地を保存すべきであると人びとを説得しようとするとき、わたしたちは地質学的および生物学的な多様性を維持し繁栄させている湿地と、数人の人間が短期の私的利益を得たあとに残されたラテライト（紅土）の荒地を比較するようようながすのである。

とはいえ、重要性は事物に帰せられるものではないか？　一般的に、重要性ということばは、あたかも重要であるかのように扱われているが、実のところわたしたちが重要だと思っていないものに対して用いられる。「彼はまるで上層部に取り入ることがこの世でもっとも重要なことであるかのように立ち振る舞っている」、「彼女が免状をありがたがることといったら！」、というように。

ところが、デイヴィッド・ヒューム[5]にならってこう考えるようになった理論家もいる。価値は事実に由来しない。それゆえ、重要性とはひとえに、人や動物、生態系、芸術作品、建物のような、厳密な意味で「それじたい」かならずしも重要とはいえないものに、人間主体が重要性を帰しているのだ、と。こうした考えでは、わたしたちはわたしたちが活動しまた活動をひかえている環境についての認識と描写が利用可能であり、そうした環境は価値判断の影響を受けないということである。これらの理論家は、こうした描写はさまざまな自然科学の言説のなかに存在するものと考える。ところが、化学や天文学、生物学において表現される、いわゆる純粋な事実は、理論というお決まりの要素で組み立てられ、単純さ、視野、予測性、技術的な有用性といったものを理論的な価値として暗示するのである。加えて、化学や生物学が描く環境は、わたしたちが活動する環境とは異なり、それはまた石油含有岩石や、湿地帯の拡大の調査のために、生物化学者が彼女のジープを走らせる、そのような環境とも異なるのである。重要性の観念には、事物にある重要性の本来の認識が含まれ、それはその後に生じるこうした認識によってさらに豊かなものとなる。

イマヌエル・カントは、本質的な重要性の所在をわたしたちの理性に見出した。カントによれば、思考は生じるやいなや、事物を正確にとらえ、しかるべく論理的に考えなければならないと考える。思考に、首尾一貫した、矛盾のない認識を求めることは、思考が働くいかなる状況においても維持される。事物を正確にとらえ、しかるべく論理的に考えるために、わたしたちは事物に近づき、その周囲を動いて事物から一貫した認識を得る。思考を厳しく検討することは有用である。そうした検討は、わたしたちの知覚的および実践的な能力に命令をくだす。思考の重要性は、発展的あるいは実用本位の有用性に由来するものではない。

カントは、わたしたちの周囲にある物質的なものや、わたしたちの生にすら、本来的な重要性があるとは考えない。食べもの、飲みもの、雨風をしのげる住みかは、生存の手段である。しかしながら生きることは、わたしたちに課された命令ではない。それどころか、カントの考えでは、満たされない欲求や必要がわたしたちを自死に向かわせそれを実行させることもある。生きることをわたしたちの必要に変えうる、たったひとつのものは、わたしたちのうちにある理性のもつ本来的な重要性であるとカントは説く。行為はその合理性によって判断されるべきなのである。(6)

カントにとって、エジプトのピラミッドや、アルプスの絶壁、海の嵐、夜空の星々は、それじたい素晴らしい価値をもたない。むしろ、その巨大さが、複雑さが、度を超えた力の強さが、わたしたちの視覚が全体を把握し、測定する範囲を超えており、そのことがわたしたちの心に永遠という観念を抱かせるのである。そして、永遠なる観念を感じるのは、わたしたちの心の力のなせるわざであり、この永遠なる観念が、崇高という感覚を生じさせるのだとカントはいう。(7)

もっぱら理性にのみ本質的な重要性を付与することによって、カントは知覚や概念をめぐる繊細な感受性、論理的洞察力、幅や奥行きのある認識をそなえた他の動物、生態系、芸術作品、建物を理解しそこなっているのである。

理解するとは、何をすることが可能かを理解することである。なにかを理解したとき、それをどうすれば探求できるかがわかる。なにかの重要性を理解することは、いかにしてそれとともに生きるかを、どのように荒野を歩きまわり、そのそばで生活し、そのために生きるかを理解することであり、どのようにダンスを尊び、いかにダンスすべきかを理解することである。ある事物の本質を理解することは、それが必要とするものを理解することである。わたしたちは、わたしたちが保全し、修復し、救済し、補うべきもの——わたしたちの命、わたしたちの人生にとって重要なもの、それじたい重要ななにかを認識することで、行動を起こす。ある人物に、動物に、動かぬ物体に、芸術作品に見出された重要性は、わたしたちの行動をうながしたり、特定の行動を禁じたり、ともすれば一切の行動を禁じるのだ。

飢えや病気からの自由、専制君主や搾取する者からの自由のもつ重要性から、西洋思想の主たる伝統は、自由こそが人間のすべての行動が求める至高の価値であると考えてきた。外部から命令や指図を受けないことはもっとも精神的な状態であり、自立した思考や芸術的創造、個人的な活動、自尊心や誇りを持つことの条件だろう。とはいえ、思考はこちらの意のままに際限なく生じるものではない。むしろ思考は、それが望むときに考える人のもとにあらわれる。思考がやってくると、考える人は思考が導く時や場所について行き、浮き足立ったしもべとなる。ベートーウェンは、作曲をする自由も、自分の作曲した音楽を聴くことができなくなったあと、作曲を断念する自由ものぞまなかった。職人がなによりも尊ぶのは、資源や技術の制約のなかで、みずからが見出した仕事を為すことであって、それを実践するかしないかを選ぶ自由ではない。恋をしていると気がつくことは、自分が自由ではなく、囚われの身であると気づくことである。じつに、わたしたちがその必要性に気づかなかった、人生を決定づける出来事は、自然の決定論、経済的および社会的領域の制度や手続きにおいて出合うものだろうか。わたしたちは、予兆や前兆にみちびかれている。わたしたちは、偶然の出来事に命令を直観するのだ。

わたしたちはみずからの行動において、事物のなかに見てとった導きに応じる。職人にはものをつくるためのしかるべき方法があり、それぞれのものを扱うための正しい作法がある。ハンググライダーで飛ぼうとする人は、風、上昇気流、素材から、ハンググライダーをつくりそれを飛ばすための適切な方法を習得する。それはちょうど、作曲家が彼女のまえにあらわれつつある、まだ適切な音程をとっていない交響曲を聞きとろうとするのと同じだ。ミクロコスモスやマクロコスモスの研究者は、ダンサーがスコアに向き合うように、対象に知力を尽くし、大聖堂のオルガンの演奏者が鍵盤やペダルを操るように、器具を扱う感覚器官や手技を調整する。問題の規模が大きく不可解であればあるほど――例えば、民族間で何世代にもわたって続けられてきた武力衝突、地球のオゾン層の破壊と温暖化現象、何百万光年も昔に銀河系が生じたこと、ビッグバンの最初の一瞬に何が起きたのか、といった問題——より多くの人びとが、みずからの知性が、情熱が、技術が必要とされていると感じるのである。

演奏家やパフォーマーには、コンチェルトやダンスのスコアの変化をこまやかに感じとるためのしかるべき感覚があるように、聖なる場所でおこなわれる古代の儀式を、コルカ渓谷を、コンドルやキツネザルを感じるための、しかるべき感覚が存在する。審美家には、ワインの味や熱帯の庭園の香りを味わうあるべき方法があり、熱帯雨林に足を踏み入れ、蛾のダンスを目にし、山上の都市に夜がやってくるのを見るためのしかるべきやり方があることを知っている。

保護すべき、育むべき、救済すべきものの重要性を理解することは、なすべきことを理解することである。なすべきことがわたしの果たすべき何かに転じるのは、それが差し迫ったものとなり、わたしがその場にいて必要な資質をそなえている場合である。

カントによれば、わたしがのっぴきならない理由を見出し、自分がぜひなんらかの行動をとらなければならないと感じた場合、わたしがやろうと思ったことは何でも「定言命法」である。わたしがしなければならないことが、わたしの好み、願望、目的に左右される場合は、「仮言命法」である。カントによれば、わたしたちのなすべきことが定言命法である場合、わたしたちの意志だけが、わたしたちの好み、願望、目的を封じこめるのである。(8)

ところが、目的がいったんわたしたちの目的に変わると、わたしたちの願望や好みがわたしたちの応答を駆動させるものとなる。わたしたちが自分たちのやるべきことを認識するのみならず、それを実行に移すとき、わたしたちがそうした行動にでるのは、保護すべき、修復すべき、守るべきものの重要性が、長期におよぶわたしたちの人生の方向性、つまりは人格と呼ばれるものの、性向や忠誠を呼び覚ますからである。休暇中の医師がてんかんの発作に見舞われた子どもを前にしたとき、自分は医師であると名乗りでるのは、夢心地で砂浜に寝そべっているよりも治療家であることを望むからである。ポルトープランスの若者が恋わずらいをしていて、その恋人がスヴノンスにいるというとき、彼を恋人のもとに車で送ってあげようと考えるのは、人生が情熱に衝き動かされていることを尊ぶ内なるものの見方であり、わたしたちの人格を支える理想によるものである。

タイタニック号が沈んだとき、男たちは、女と子どもだけ救命ボートに乗せ、自分たちは船に残った。これは、弱い者への思いやりと道義を重んずる心が、長い時を経て、かれらの人格のうちにつくり上げられていったからではなかろうか？　そしてまた、仲間の男たちの勇気が、迫りくる恐怖のなかでかれらを奮起させたからではなかろうか？　わたしたちは嘘をつくことを拒み、自分の命を守ることさえ拒否する。あるゲリラ兵は囚われの身となり、拷問を受けてさえ、みずからの信条を否定するような発言をすることを拒む。彼女がそうするのは、人生をみずからの考えに捧げてきたからである。逮捕されたレイプ犯は、自分がしたことをおぞましく思うゆえに自供するのである。

わたしたちが、自分たちがそう望んでいるのだと考えるものごとが、鍛錬や習慣、想像力の欠如、曖昧で無意識に感じる不安によって決定づけられていることのいかに多いことか。自分たちが何を求めているかをついぞ知ることなく、わたしたちはいかに心をかき乱され、あるいは怠惰になっていることだろうか。わたしたちの行動のいかに多くが、時間が過ぎるのを待つためだけにおこなわれていることだろう。友人が来るまで、眠気を感じて布団に入るまでのあいだ、夏をやり過ごすあいだ、定年を迎えるまで、わたしたちは何かをして時間をつぶしている。そして、ほんとうにやりたいと思うことを、何ひとつしてこなかったことに気がつくのである。わたしたちがやりたいことを発見するのは、自分がやらざるをえないと思うものを発見したときだけではないだろうか。

潜水のマスターが、船の操縦やスキューバの装備をきちんと扱うために必要な知識やスキルを総動員して、潜水探査をおこない、探査同行者が抱く事故の不安を払拭し、海上で生存者を確認する方法を伝えるとき、彼はプロの潜水士であることこそ、自分が真にやりたいことなのだとわかる。ぜいたくなお金持ち付きの高給な看護の職を辞した看護師が、難民キャンプにいる傷ついた人びと、飢えている人びとのもとに赴くとき、彼女は自分がまさに心から望むことをしていることを知る。

8　わたしは……である

わたしたちが事物について話すとき、事物はより鮮明な姿をとるようになる。事物はばらばらになり、あるいは異なったかたちで結びついたりする。もっとも、ことばは事物や状況をはじめに出現させるものだ。ことばはまた話し手も出現させる。「わたしはここにいます！」。「わたしは……を見ました、聞きました、やりました」。「わたしは……と言います、……とあなたに伝えておきます」。この「わたし」という語は、話し手を登場させ、彼または彼女を登場させつづける。

言語学は、「わたし」という語を、空虚な「転換子《シフター》」と分類してきた。この「わたし」という語は、ちょうど今このフレーズを発しているまさにその人をしめす。そして、会話が展開するにしたがって、最初はこの人、今度はあの人、次はまた別の人を指示するものとなる。文芸理論家たちの指摘によれば、あるテクストの「わたし」という語は、そのテクストの筆者を指すこともあれば、

〔テクストに書かれた〕出来事を目撃した者、あるいは経験した者として、みずからが前面に出る小説の語り手の場合や、筆者が特定の心の状態や行動を帰した架空の語り手ということもある。

わたしが「わたし」という語を使うとき、わたしがそれに込める意味は、わたし以外のだれかがそれに込めるものと同じであることもあるだろう。たとえば、「彼女はフライトの順番待ちリストの十三番目です」、「わたしはそのフライトに並んでいる人の列の十三番目にいます」、というように。

ところが「わたし」という語が特別な力をもつ場合がある。「今やわたしはひとりぼっちになった」。「わたしは母親だ」。ひとりでいるとき、あるいはほかのだれかに向かって、彼女が「わたし」と言うとき、彼女はその語を自分自身に刻印し、また彼女自身の実体が「わたし」という語をとどめおく。これらのことばをもって、彼女はみずからの立場を明らかにし、前を見すえる。彼女がその次に「わたし」と口にするときの「わたし」という語は、それ以前の「わたし」と一致し、またそれに応えるものである。

「嘆願書がまるきり無視されたので、わたしは頭にきましたよ……」。「仕事を辞めて、わたしはせいせいしています」。現在のわたしは、これらのことばをとおして、過去のわたしを現在のわたしのなかに存在させている。仕事を辞めたわたし、あるいは怒りを覚えたわたしは、今話しているわたしである。

みずからのことばを自身に刻みつけようとする力は、月日の流れを飛び越えて、未来を今、心に決めようとする力である。ある時、わたしは心の底でひそかに「わたしはダンサーだ」と言った。わたしがそのようなことばを発した理由、しかもたったひとつの理由は、わたしが今ダンサーになろうとしているからである。すでに「わたしは男だ」と言うことは、男らしい行動をとろうとすることであり、「わたしは女だ」と言うことは、女らしいふるまいをしようとすることである。「わたしはまだ若い」と言うことは、自分の周りに築かれた役割や模範的役割の外に、みずからの力を注ごうとすることである。

わたしたちが自身に植えつけるこれらのことばを心に留めることは、この世界の只中を進み行くなかで感覚表面に押し寄せる数多の印象を払いのけることで可能となる。わたしなるものは、眠たげな五感のざわめきを排した、覚醒のなかから生じてくる。これには、とりわけ、過ちや失敗、無念――これらの感覚は、わたしたちにしつこく付きまとい、視界を曇らせ、過去と前途を閉ざしてしまう――をつとめて忘れることが必要である。わたしというものには根源的な純粋さがあり、今というときに止まりながら、この無の場所から、来るべき時と過ぎし時とに臨むのである。「わたし」と口にすることは、開始である。「わたしは理解した！」、「わたしは行こう！」。「わたし」ということばを発する声には、若さと冒険の響きがある。

「わたしは理解した！」。これらの単語を、ひとたび自分自身にすえおくと、わたしは過去の場面を、ある点から別の点を中心に並べ替えることなく、自由に眺めることができる。「わたしは行きます」は、日々のいかなる障害、集中を妨げるもの、一時の楽しみからわたしを解き放つ。無数の妨害、反対、勧誘、ほかのことをしようという誘惑のなかで、わたしはこれらのことばのもつ異様なまでの力、これらの語が在りつづけるたったひとつの証であるその力を感じるのである。「わたしは理解した！」。「わたしはまだ若い」。「わたし」という語を発することは、これらの語を引き受けると誓うことである。高潔さとは、身分の高さや低さによらず、言行一致の男性や、信頼にたることばを話す女性の特徴となるものである。卑屈さとは、自分のことばを持たない人、自分自身の行動をとらない人のことである。

わたしたちの発する「わたし」、「わたしは……と言う」、「わたしは……しようとしている」、「わたしは……である」ということばは、第一の根本的な自分を尊重するための方法である。「わたしはダンサーだ」。わたしはそう口にし、ダンスのクラスを探しだし、高い志をもって日々練習を重ね、劇団の選考からはずれ、一座で踊り、批評家の酷評を受けようとも、それに耐える。わたしは決して失敗をもとに行動しない。問題はダンスではなく、わたし自身のことだ。これらのことをしなければ、わたしは自分をおとしめてしまう。

わたしたちがみずからのうちに刻みつける誓いのことばは、良心の肉声なのだ。「わたしは理解した！」や「わたしは何のために生きればよいのかわからない」ということばは、わたしのうちにとどまり、わたしの言動に方向を示し、導く。

ダンサーの良心は、あら探しをする役目——ソクラテスのダイモーンのように、わたしたちの直感を否定することしかしない抑制力——とはまったく異なる。芸術家の良心は、自責の念で自分を苦しめたりしないのだ。「わたしはダンサーだ！」、「わたしは母親だ！」、「わたしはまだ若い！」。わたしたちはこうしたことばから力が湧いてくるのを感じる。わたしたちが自分自身に感じる誇りとは、これらのことばが有する力への信頼なのである。これらのことばのうちには、喜びの震えるような躍動と、来たるべき喜びの予兆がある。わたしたちは自分の感じた喜びを信頼する——なぜなら、喜びは拡張的であり、今ある何かに、そして生じようとする何かに向かって大きく開かれ、もっとも広くそして深いところに光をあてるからである。

わたしたちが自分にかけることばは、わたしたちの感性に、神経回路に、概日リズムに、物事をなす勢いに、テンポに刻みつけられる。そうしたことばは、新たなことばや計画でいっぱいになる、意識下の精神から消えてしまう。朝、あれこれと気がかりなことがあるなかで、わたしはもはや自分が心のなかで発した「ダンサー」ということばをつとめて思いだす必要はない。むしろわたしは意識せずともダンススタジオに向かい、それが妨げられれば落ち着かなくなり、自由を奪われたように感じる。

＊＊＊

ダンスの重要性、自然の雄大さ、海の厳かさが、偶然にも明らかになるとき、それがまず求めるのはことばである——「わたしはダンサーだ！」、「わたしは森林管理者だ！」、「わたしは海洋学者だ！」。こうした経験へ熱心に邁進し身を投ずるときに、わたしはこれらのことばを携えていく。「ダンサー」ということばのうっとりとさせる力は、わたしを感服させたダンスの魅惑的な力と呼応している。これらのことばを断言できるとき、そこには感謝の念がある。

ダンス、子を生み育てること、河川を汚染から守ることの重要性を感じさせられることは、なすべきこと、守るべきもの、救うべきもの、修復すべきものが差し迫ったものであることを理解することである。そしてこの自分がその場にいて必要な資質を持つ者であると理解すると、わたしなるものが生起し、その立場をあきらかにするのである。

「わたしはダンサーだ」と言うことは、わたしの身体を、労苦、怪我、痛みに引き渡すことである。「わたしは母親だ」と言うことは、わたしの身体を、その身体から生まれた子、若者と大人を自由にし、その身体から生まれた遺伝的な欠陥のある子をその命が尽きるまでケアすることへと向かわせる。「わたしは医者だ」と言うことは、自分の身体を何時間ものあいだ、またいかなる時も稼働させ、日々致死の病のかたわらに置くことである。

そして「わたしは百の街や土地を冒険しながら自分を探求しているのだ！」と言うことには、さらにどれほどの力を要することだろうか。「わたしは新たな土地や冒険に自分のすべてを賭けている！」。こう言いきる人の良心はどれほど激しいものだろう。ところが、真にダンサーであるということは、見知らぬ道を進む、家出をした若者になるということだ――マーサ・グレアムが八十代にして初心者であったように。母であるということは、セリア・デ・ラ・セルナのようになること

――ガン病棟から引きずりだされ、ブエノスアイレスの刑務所に投獄された、エルネスト・チェ・ゲバラの母親のようになる可能性があるということだ。

自分のことばを自分のなかに刻みつけるこの力は、力を生みだす。ニーチェによれば、その力は「遠方の不測の事態をあたかも今起きているかのように見て、何が目標で、そのための手段が何であるかを確実に想定し、必然の出来事を偶然のそれと区別し、因果的に思考し、一般に推定して見積もりを立てる能力をもつ」[1]。何が肝要で、何が付随的なことかを判別できない人や、自分に手の届く可能性がわからず、目標の定まらない人がどれほどいるだろうか！　自分で考えず、その頭はせいぜいコミュニケーション産業のばらまく誘惑や罠を記録しておくだけの物質であるような人がどれほどいるのだろうか！　それらの人びとは、不正や反社会的行動をもたらした原因、環境の悪化を引き起こした原因、文学的および芸術的な偉業の根拠について研究する思想体系には与しないのである。

説得力のある見識、先見の明、目的にかなった思考、原因となる思考、打算的な思考――つまり、思考一般――これらは、精神によって受動的に記録された自然の秩序からは生じてこない。木立、日々頭上をゆく雲の流れ、裏庭でさえずる小鳥たち、毎日のように通る目印の建物や道、日々わたしたちのまえにあらわれる課題、知り合いと交わす会話のパターン、これらの物事や、物事どうしの関連を分類するための数々の概念――これらのものは、その継続や反復において精神をなだめてかすかに高揚させはするが、思慮深いものに変えはしない。思考は言語から生じるが、思考はわたしたちが自分にかけることば、誓いのことばから生じる。誓いのことばが自然の連続性を絶ち、わたしたちの内側に響く、他人のペチャクチャというおしゃべりを静かにさせるのだ。ことばで自分をしかと固定するとき、みずからの内側に感じる力、そのことばのうちに起こり、前進する力、自分の性質を、決断力のある、迅速で、信用に足るものへと変える感覚は、わたしたちの外部にある自然の絶えまない変化のなかに、規則性や必然性、予測可能な形式をわたしたちに求めさせる。ひとたび「わたしはダンサーになる」と言ったなら、わたしは自分の身のまわりにあるものをきちんと把握しはじめることだろう。つまり、人体の解剖学を、エクササイズや食事の効果、すぐれた教師や偉大な模範のもたらす影響、都市社会の横断面全体の働きを理解するようになる。思慮深い人間とは、自分のことばに忠実な男性であり、確かなことばを話す女性なのである。

「わたし」と言うことは、自分自身を他人、群衆、仲間、システムから隔てることである。またそれらの人びとやシステムの過去や未来と一線を画すことである。「わたしは、……と考えます」、「これが今からわたしがしようとしていることです」。だれかがわたしについて抱いているイメージから、わたしが彼に関して築いてきたイメージから、わたしの発言をもとに彼が考えたのであろう解釈から、わたしを隔てさせる。「そうね。ソーシャルワーカーがこっちに来るまえに、あそこを片付けておくって確かにわたしはそう言った。でも、それがどうしたっていうの？　わたしはもうあなたが思うような、退屈な主婦じゃないんだから」。

「わたし」と発言することは関与することである。よって、過去の経験から、約束から、関与したことから、わたし自身を切り離すことでもある。「わたしは何が起きたのかわからなかった」、「わたしは酔っぱらっていた」、「ああ、あの頃のわたしはひどく老けこんでいました。それに比べたら今のほうが若いですよ」。また、「わたし」と発言することは、わたしがたどっていたかもしれない未来から、わたしを切り離す力でもある。「軍隊は村への砲撃をもう始めていて、制圧しようとしているというのか。ならば、医者であるわたしはここに残って、今にも死にそうな人たちの世話をしよう」。

「わたし」と言うことは、自分を他人や他人との会話から隔てることである。「わたしはわかりました」。会話の最中にそう口にして、わたしは自分の理解したことがらに関する議論にとどまり、続いて生じるほかの人びとの思考の変化やその判断に影響を与えようとしている。そしてややもすると、わたしの見識の主たる効果は、わたしの思考の道筋を定め、ほかの人びとのもとから離れたあとのわたしの判断を確固としたものにすることである。わたしの誓いのことばは、弁証法によってその意を得るのではなく、また本来的に他人とことば遊びをするのに使われるものでもない。「わたしはダンサーになる」。だれかれとなくこう言いふらすのは、他人の許可や支援を求めているのであって、その人がそのことばを真実に、あるいはまだしっかりと、自分の心のなかに刻みつけていないという懸念があるからである。とはいえ、そうしたことばを一度も口にせず、このことばから感じるひそかな興奮に突き動かされている者たちもいる。心に秘めておくことによって、このことばを世俗的な日常会話とは別のものにする。つまり、聖別するのだ。秘密にしておくことは、疑念や、自分が自分自身にかけたことばを再考するだけでなく、誓いのことばについて想像をめぐらすための余地をわたしたちに与える。

秘密で築いた壁は、わたしたちの社会的アイデンティティをうち砕く。心のなかで「ぼくはダンサーだ」とつぶやいた彼は、大学の法科大学院に進学することになっている仲間と一緒にいるときの彼ともはや同じではない。両親の前や、高名な教師の個人レッスンを受けているときの彼、家族の集まりでいとことサッカーをするときの彼とも違うだろう。わたしたちが自分のことばをうちに秘めることは、わたしたちに対して異なるかかわり方をしてくるほかの人びとや、わたしたちとは異なる計画を抱いている人たちと円満で波風の立たない関係を保てるよう機能するのである。

「わたしはダンサーだ」と言うことは、自分自身に首尾一貫性や結束性を課すことではない。わたしの心のなかではわたしはダンサーである。しかし、わたしなるものの総体は、断片的な知識の体系、不完全な情報の蓄積、断続的なパラダイム、ばらばらな夢の領域、個人的に反復しているサイクル、とぎれとぎれの慣習的行為をひとつに合体させたものである。内部に築かれた秘密の壁は、非常に非連続的で、全く調和しておらず、互いに通じていない、複数の精神システムが共存できる空間を確保している。

自分はダンサーになる運命だと信じるようになったことを、わたしはどのように理解するのだろう？　自分をとりまく社会的文化的な構造について得た断片的な情報や、お手本として心に刻みつけた人たち、子どものころの夢、両親に対して募らせてきた憤りや反抗、実用本位の判断や職業を見下すようになったことから、どのようにこれを説明するのか。しかし、わたしは自分のダンサーになるという運命を取り巻くこうした壁の向こうを見とおしたいとは思わないだろう。むしろ、この「ダンサー！」ということばを、切り離された、秘密のもの——聖なるものにしておきたい。謎を肯定し、みずからの戸惑いを受け入れながら、わたしはディオニソス的な悪魔に、自分が乗っ取られていくさまに驚かされるのである。

「わたしはダンサーだ」。そう言わずして、ダンサーになることはないだろう。「わたしは冒険家だ」と言わずして、冒険家になることはない。とはいえ、自分が心のなかで言ったことばを信じなければ、わたしはダンサーや冒険家にならないだろう。意志の働きによって、ダンサーになろうと思うことはあるだろう。ところが、意志の働きによって、わたしはダンサーだと自分自身を信じさせることはできないのである。

人の信念とは、意図的に、あるいは故意に生じさせることのできない状態のひとつではなかろうか。わたしは意志の働きによって自分の口にものを運ぶことができる。しかし、意志の働きによって、自分に空腹を覚えさせることはできない。わたしは寝床につくことはできるが、自分に眠気を感じさせることはできない。故意に自己主張をしたり、虚勢を張ることはできるが、勇敢になることはできない。謙遜しても謙虚にはなれず、羨みはしても切望はできず、同情しても共感はできない。おめでとうと言うことはできても称賛することはできず、本を読むことはできてもそれを理解することはできないし、知識を蓄えることはできても、知恵を得ることはできない。(2) わたしは意志の働きによって自分を愉快な気持ちにすることはできない。自分で自分のことをくすぐって、自分を笑わせることはできないのだ。

わたしたちが自分自身に刻みつける誓いのことばは、わたしたちを思慮深くさせると同時に、洞察力を豊かにさせる。「わたし」ということばを発するとき、わたしはわたし自身を存在させる――ものごとや出来事の存在する、そのあるがままに対して。「わたし」と言うことは、「わたしはここにいる」と言うことであり、この場所がどこでどのようなところか、明瞭な意識をもって見ようとしはじめることである。「わたしは理解した」と言うことは、目の前にあるものを照らす明るい光のなかに自分自身を置くことである。「わたしはダンサーだ」と言うことは、ダンスとは何たるかを知ることであり、わたしを虜にし、わたしの神経回路と筋肉組織をその苛烈なダイナミクスによって生き生きとさせるダンスを知ることである。

情熱に衝き動かされた経験において明らかになることは、突然かつ予想外のものであり、理由なくわたしたちに明らかにされる。ダンスが明らかになることは、わたしたちのうちにあるダンスの能力と隠れた才能をしめす。医学のもつ治癒力が明らかになることは、わたしたちが「わたしは医者だ!」と言うときに聖別している、わたしたちのうちにある技量、知覚、集中力をあらわにする。これらは、生まれつきや、偶然、運によって生じた、わたしたちの存在を明らかにする。人生においてすべてよきものは無償なのである。

何かを信じることは、それが真実であるという理由からその信念を保たざるを得ないということである。ある患者が、ガン腫瘍があると宣告される。自分には一切望みがないと思えば、彼女の免疫システムは弱くなるに違いない。だから彼女は希望があると信じなければならない。とはいえ、彼女に望みはあると信じさせるにはどうすればよいか。化学療法や放射線治療、あるいは中国の病院で使われている治療法には効果があるということに、その根拠を探すほかに方法はないのだろうか。

ポール・ゴーギャンは、芸術を究めるために自分の家族を捨てた。「わたしは来月にファトゥヒヴァへ発ちます。マルケサス諸島にある島で、今も人食いの文化がほとんど残っているところです。その地のまったくの原始的な環境と完全な孤独が、わたしのなかにある情熱の最後の火花——想像力をふたたび目覚めさせ、才能を完成させるその火花——を死ぬ前にもう一度燃え上がらせてくれると感じるのです(3)」。ゴーギャンは自分に才能があると信じる理由があったのだ。だがしかし、自分がその才能を完成させられるかについては知る由がなかった。もしかすると荒れた海をゆく長い航海で、船が現地にたどり着かないかもしれないし、病にかかって途中で命を落とすかもしれなかった。それはだれにもわからない。

さて、ここに奇病かひどいうつ病にかかった男がいる。彼は苦しみ、病を癒す方法を探す。ところが、奇病、うつ状態、幻覚は、すべてのシャーマンの通過儀礼の一部なのである。この先に待ち受けているのは、彼が治癒者になるということだ。しかし、これが彼の運命だとどうやって知ればよいのか。I・M・ルイスとジョルジュ・デブルーは、シャーマンを神経症と再分類した。ところが、神経症はわたしたちの文化においては機能不全であるが、シャーマンはかれらの文化において機能不全の人びとをたしかに癒しているのである。フィールド調査を行う者たちは、長きにわたって、奇術を行うシャーマンたちを観察してきた――たとえば、病人の身体のなかから、病気の原因として血まみれの物体を取りだすのだが、それはシャーマンみずからが人目をしのんでそこに置いたものである。自分には治癒の力があるとほかの人びとに信じこませているシャーマンその人は、自分の治癒能力を信じているのか。あるいは自分を欺いているのだろうか。シャーマンたちは、いかさまの治癒行為しかしない偽もののシャーマンがいることを知っている。また、自分の治療を受けた人びとが回復することもわかっている。

では、北アイルランドやルワンダにいるこの牧師――彼はすべての物事は、全能で慈愛の神の摂理の手のなかにあるとほんとうに信じているのだろうか。ノーマル〔異性愛者〕として通っているこの男性は、自分はノーマルだとほんとうに信じているのだろうか。異性愛者として通ってしまうことで、わたしたちは両性愛的な前青年期を、あるいはまさに自然を、放棄しているのではないか？ニーチェは、高貴なるものは常に仮面をかぶっている、高貴であるという仮面をかぶっている、と考えた。(4)

デイヴィッド・アブラムというアメリカ人の若者は、手品《マジック》のショーをして学資を稼ぎながら大学に行った。大学を卒業すると、彼は伝統的な文化における奇術《マジック》を研究するための小さな奨学金にいくつも応募して、採用された。アブラムは、スリランカ、バリ、ネパールに赴いた。ところが実際、これらの土地に奇術師《マジシャン》はひとりもいなかった。そこにいたのはシャーマンと治療家だった。彼はバリでひとりの治療家と親しくなった。彼女は特別な力をもつ物体やバリの儀礼をいくつか教えてくれた。そしてあなたも自分の能力を明かすべきだとやんわりうながした。アブラハムは自分には特別な力がないことを彼女に説明しようとした。彼にあるものといえば、巧みな手の動きとトリックだけだったのである。ところが、西洋的な意味での奇術師の概念は、彼女や彼女の文化にはなじみのないものだった。ついにデイヴィッドは、自分のもっているものを彼女と分かち合わなければ、彼女が自分を遠ざけ、だれよりも多くのことを教えてくれる人を失うだろうと悟った。この女性はしばらく前に手の親指を骨折したのだが、骨がまずいところに癒着して動かなくなっていた。これは彼女にとって深刻な障害だった。というのも、彼女はマッサージの施術で生計を立てており、その文化では〔治療家の〕治療は無償でおこなわれていたからである。ある晩、事態は切迫し、デイヴィッドは何がしかの行動を余儀なくされた。彼はその文化で特別な力をもつとされる物体をいくつか使い、その場しのぎの儀式を彼女の手に行った。すると驚いたことに、翌日、彼女は親指がすこし動くようになったのを見せ、儀式をくり返すよう求めてきたのだった。そしてアブラハムがぎょっとしたことに、数日後には親指は完全に回復したのだった。(5)

ハンググライダーで飛ぼうとする人が、初めて崖から飛び立ち、眼下の岩場に墜落したとき、その人は自分がすぐさま、今日にでも、もう一度あの崖から飛び立ち、風に乗れるようになるまで、それをくり返さなければならないことを知っている。そしていつの日か、ハングライダーで空を舞うことがどんなものかをほとんど知ると、彼はそれをやめてほかのものを探求しはじめるだろう。しかしもしあの崖を克服する前に飛ぶことをやめてしまったら、彼は自分の力への信頼を確実にそこなってしまうだろう。

臆病はわたしたちの必要や欲求の感覚を強めながら、力を出し惜しみさせ、遠慮させる。そして、自分が無力で惨めであるという内なる感覚をつくりだす。わたしたちが自分のことを惨めに思うのはどれもいくらか臆病の仕業なのだ。

＊＊＊

わたしはダンサーだ、と彼女は言い、そのことばを信じたゆえに、彼女はダンサーになることができた。彼女は自分を欺いていたのだろうか。自分に嘘をついたはずがあるだろうか。

ダンススタジオで、彼女は自分の居場所はまさにここにあると感じた。身体がこの場所に属していると感じた。疑念が生じるのは、自分はダンサーになれまいと考える動機の論拠や証拠を見つけるからだ。真実を知ることを恐れて、彼女はそうした論拠や証拠をあえて探さないようにするだろう。証拠を選択して調べ、選んで熟考し、新たな証拠を積み重ねることで評価するのではなく、ひとつひとつを個別的に評価し、あるいは否定的な証拠には目をつぶるだろう。(6) そして後になってこう言うのだ。「わたしは〔自分に才能があるという〕勘違いをしていたんですよ」。

わたしたちは本当にそうと知りながら自分を誤った方向に導きはしない。ありそうなことは、判断の根拠が不足しているか、判断の根拠を適切に評価する能力を欠いているかである。わたしが絶対にダンサーになれないことをしめす決定的な根拠になりうるものとは、いったい何だろうか。

とはいえわたしたちは、自分へのことばに誠実な人びとに尊敬の念を抱くのではなかろうか――かれらが自分の能力や資質、あるいはその動機の重要性や妥当性について思い違いをしていたのだとしても。歴史家ばかりが、ブルータスとモンテズマ、ガンディーとチェ・ゲバラといった歴史上の敗者たちすべての名誉回復にいそしむのではない。勝者たちは、敗れた敵たちの神聖を汚すのではなく、墓地に埋葬する。そして、勝つ見込みなく、降伏することになる軍人たちの軍葬を受け入れるのだ。

実際のところ、思い違いは誉められたものではない。自分は才能がなく、ダンサーではないと気づいた日には、もう続けていくことはできないだろう。自分の政党が腐敗の一途をたどり、綱領がプロパガンダにすぎないと気づいたならば、政党の代表をつとめることに誉を見出せないだろう。

勝ち目がないと知っている主張のためになおも闘いつづけるとしたら、それはわたしたちが自分自身に対して、わたしたちの仲間に対して、これから生まれてくる者たちに対して、今日まかり通っている主張が、恥ずべきものであることをしめそうとするがゆえなのだ。

Ⅳ　ヴィジョンズ

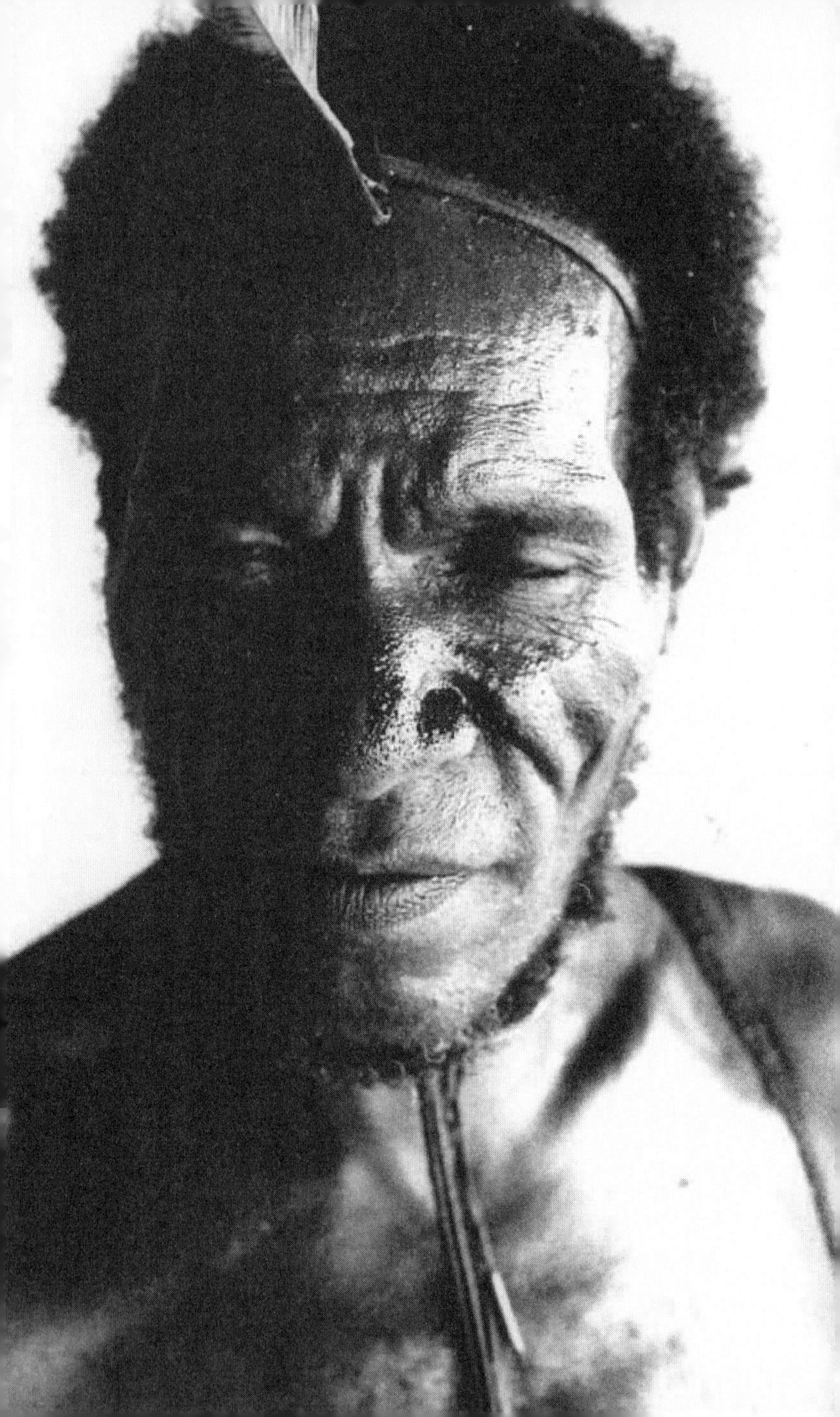

9 幻想の身体

ドアや公園のベンチを見ようとすれば、わたしたちはみずからの身体を適切な場所に置き、みずからの目の焦点を合わせ、みずからの視線によってその輪郭を切り取らなくてはならない。レストランで友人の声を聞こうとすれば、わたしたちは顔を彼の方に向けなければならない。ビロードの弾力性や柔軟性を感じたり、松材の板の堅さや木目を感じようとすれば、わたしたちはそれ相応の力加減、相応のリズムで、そして、相応の可動域において、その対象をなでる。いかなる瞬間であろうとも、わたしたちの身体の姿勢は、個々の身体部位が重力や体の外から受ける圧力、体内に生じる緊張によって決定される配置の結果などではない。その課題や目標に対して、わたしたちの身体を方向づけ、手足や身体の感覚面を配置する体内図式が存在しているのである。一方の手や足がそのほかの身体部位との位置関係において変化すると、身体全体に変化がおよぶことになるにもかかわらず、バランスや方向づけは維持されるのだ。

わたしたちがベッドから這い出て、歯を磨き、朝食を準備しているとき、わたしたちはみずからの身体の全体軸と方向づけの内的感覚を保持している。コンピューターに向かっているときや、機械を操作したり、みずからの職務に従事しているあいだ、わたしたちは自分の手足を見なくてもそれがどこにあるかを自覚している。群衆のなかを通り抜けたり、洞窟の狭い曲がり角を通り抜けるとき、わたしたちは自分の身体が占めているボリュームに気づかされる。このことは観察によって気づかされるのではない。さまざまな姿勢を取り、さまざまな動作を行うことによって気づくことになるのだ。わたしたちが完全にリラックスし、みずからの腕や脚を重力にまかせるなら、わたしたちはその位置と輪郭の感覚を失ってしまう。

わたしたちの身体において、姿勢の軸が形づくられると、それはあたかも外部から見られたもののかのようにそれじたいのイメージを生みだす。わたしたちがテーブルの下で自分の脚を伸ばすとき、実際に目で見るときのようにそのかたちと位置を感じる。わたしたちが大通りを歩くとき、みずからの手足をただ目にしているだけではない。わたしたちは自分の身体と足取りの準視覚的イメージを持ち、それらはあたかも遠く離れたところにある目に映るかのようなのである。(1) わたしたちが混み合った通りを急いですり抜けるあいだ、わたしたちは自分の手足の厚みや圧迫される感覚を持つが、それらはあたかもわたしたちを掠める人びとやわたしたちに押し寄せてくる人びとが感じるであろう感覚なのだ。わたしたちが話すとき、わたしたちはみずからの声を外部の空間で聞いているかのような感覚を持つ。足首を捻挫すれば、わたしたちは友人に寄りかかりながら歩くことになるのだが、その結果、わたしたちは自分の体重を感じることになる。わたしたちが歩いて芝生を横切りハシゴに上るとき、自分の体重を感じることになるのだが、それは芝生とハシゴが感じるであろう感覚なのだ。

眠りにつくとき、わたしたちの身体は道具や機能的な姿勢から切り離される。わたしたちの頭は枕の上に据えられ、身体は地上に支えられ、その静けさのうちにとどめおかれる。わたしたちの手足と体内器官は姿勢軸から切り離され、それ本体のイメージを出現させる。ジークムント・フロイトの発見によれば、夢のなかでペニスとヴァギナが呼び覚まされると、それは思いもよらない偽装に変化する。オベリスク、ナイフ、建築物、洞窟。しかし、目、顎、拳、そして胃も同様にわたしたちの夢の源泉や光源であり、星々のように煌めき、罠や殴打といったものにかたちを変え、川や祝宴に通じていたりするのである。夢のイメージはありふれたものであっても、難解なものであっても身体部位の淫らな衝動、空腹感、貪欲な衝動、オーガズム欲求、解放衝動などによって結合され、つくり変えられる。夢を見るのは、眠った状態にある身体から切り離されたわたしたちの心ではなく、イメージを生みだすわたしたちの目、唇、顎、歯、拳、腿、ペニス、クリトリス、そしてヴァギナなのである。

取り込みの精神分析理論は夢のなかの身体部位に帰属するオベリスク、洞窟、星、罠、殴打を説明してくれる。生命の最初の数カ月で、乳児は徐々にみずからの身体を動かし、見極めながら、母親の腕や身体から距離をおき、しかるべき場所にある疎遠なものから距離をとるようになる。彼は環境の拡散圧から自己を守るために、環境からある物体を引き離し、それを体内に取り込み、自分以外から自己を閉ざすのである。取り込みとはただ乳児の体内空間で音が反響し、色のパターンが浮かび上がるだけではない。乳児は体内に物体すべてを取り込むのである。乳児は自分が取り込んだ物体によって占拠されていると感じ、それに苛まれるのである。

乳児の体内空間は、同一の中核自我がとどまる封印されたカプセルではない。乳幼児期の幻想化は虚ろな心によって生みだされる実体のないイメージや効力のないイメージの投影ではない。取り込んだ何らかの物体に執着し、自分以外から自己を閉ざすという乳児の能力は、内面性に対する感覚を生み、実在性に対する快い感覚をもたらす一方で、取り込まれた物体から受ける圧力は、みずからを脆弱であると感じさせ、苦痛を感じさせる。乳幼児期の幻想は、単に欲望充足させることなのではない。取り込みは、その乳児において妄想的・分裂的態勢にとどまるのである。(2)

眠りにおいて、この体内空間は分断されている。身体部位と体内器官は物体を取り込むことによって自身の空間を強化する。その物体はみずからを苦しめることになるのだが、隣接する物体や遠隔の物体を引きこみ、夢の劇場において分離させたり、重ね合わせたり、飛躍させたり、衝突させたり、粉々にしたりするのだ。

わたしたちの身体は定期的に過剰なエネルギーを生みだし、そしてそれは放出されなければならない。それらは、みずからのうちに閉じた存在、つまり、わたしたちが理解し、それを包括的に充当することで無力化されたり、わたしたちの力や利用の支配下にある存在ではなく、不可解で、訳の分からないものかもしれないが、生のままで自由な存在を追求するのである。情熱的な状態が生みだされるのは、取り込まれた物体が激越なものとなり、より先鋭化され、その物体に対する内的な支配力が崩れ去り、自由なエネルギーの奔流が放射されるときである。

ただ生殖器が膨張し、潤滑になり、身体的衝動を放出することにおいて性的興奮が生じるのではない。性的興奮はエロティックなイメージをも生みだす。みずからの身体の性的快楽にひとりで耽る場合、激しくセックスの相手を思い浮かべたり、性的に誘惑されるような状況を想像したりするものだ。そして、わたしたちの腕のなかにありのままの姿でしかと存在している他者とのセックスにおいては、そのパートナーは変形され、神話化され、その場面はドラマ化される。(3) パートナーは単に女性であったり、男性であるのではない、女狐であり、売春婦であり、女神であり、母親であり、母なる大地なのであり、狼であり、放蕩者であり、イエスであり、北欧神話のトール（雷神）なのだ。取り込みによる複合的な存在がもたらす圧力が、わたしたちの安定化された精神構造が崩壊するにおよんで、官能的なエネルギーを解き放つのである。内的な一貫性と制御の破綻が性的な興奮を恍惚とした苦痛に変えるのである。

みずからが疎外され、挫折させられ、即座に答えることができず愕然としたり、みずからが通じているはずの課題や会話において自身の能力やエネルギーを発揮できずに打ちひしがれることで、過剰なエネルギーがわたしたちのうちに取り残されることがある。こうした状態は、わたしたちが敵対するものを引き離し、力のあらん限りその人物にしがみつき、内部においてその存在をより一層悪化させ、ヘビ、悪党、マフィア、暴君、ブタといったほかのかたちとして取り込むのだ。そうすることによって対象に固執し、不快の激しさの度合いを増大させるにしたがって、怒りの頂点に達するのである。

喜びの噴出は幻想的である。南極の氷原で名状しがたい色とかたちで光り輝く夜明けに目覚めたり、長い不在の後に帰還した恋人が飛行機から姿をあらわすのを目にしたりすることは、わたしたちの自意識を圧倒する歓喜のエネルギーの洪水を放つ。みずからのうちに侵入してくる存在を捉えるために、わたしたちは空想の象徴物《フィギュア》を幼年時代から、神話や伝説から取り込み、その結果、そうした熱烈で抑え難い存在をさらに激しく経験することになるのである。

「わたしはダンサーだ」とわたしが口にするような情熱のこもった経験では、ダンスがわたしに侵入し、わたしを占拠し、わたしに取りつく。身体的技能と自分のアイデンティティを確立した幼年時代以来、徐々に培われてきた精神的、認知論的、社会的構造は、ダンサーになることに身を投じるエネルギーの奔流のもとで、崩れ去るのだ。心のうちでは、ダンスがスタジオの光景を、偉大なダンサーたちを、素晴らしい教師たちを、これまでに上演されたことのないダンスを、「あらゆることがダンスであるような世界、あらゆることが訪れ、手を差し伸べ、笑い、逃げ去り、戻ってくるような世界」を出現させるのである(4)。

10　予言のことば

ことばはさまざまなかたちをとる――その配置によって浮かび上がる対照から意味や機能が生じるのだ。ことばは伝達《リレー》である――ほかのことばと結びついて、もっと詳細に事物や出来事を明確にし、さらにほかのことばとその明確な事物や出来事を結びつけ、状況や時間を超えてそれを配置する。ことばは動きのなかにある。

ことばには力がある。ことばは認識するものを強化する。巨大なセコイア！　葉っぱのようなドラゴンフィッシュ！　歴史的な出来事！　大惨事！　こういったことばが発せられると、わたしたちが対峙しているもの、そしてわたしたちを、気高いことばはより気高く、美しいことばはより美しく、力強いことばはより強く、ありふれたことばはより平凡に、健康なことばはより生き生きと、病的なことばはより弱々しくさせる。

情熱的な経験において、わたしたちの眼の前でそびえ立つものを気高いことばで聖化する声は、それを認め、それを保護し、わたしたちのことばのうちにその力を浸透させる。セコイアの森はなんて巨大なんだ！　この極貧の難民たちはなんて誠実で勇敢なんだ！　その地域固有の野生生物の駆除はなんと欲得づくなんだ！　呪いのことばは悪党や邪悪なものに対して湧き上がる内なる声から生じ、わたしたちの嫌悪感の強さや悪そのものへの傾斜をも強化する。

精神分析学はわたしたちの夢や白日夢のイメージを「言語のように構造化」されたものと考えている。そのようなイメージはことばやフレーズに翻訳可能である。反対に、ことばはイメージを生みだす。わたしたちが目にする表面はわたしたちには壁として見える。わたしたちが耳にする音はグラスの割れる音や敷石の上を転がる手押車や夜中のだれかの嘆きや恐怖というかたちで具現化される。ことばもまた身近なものであれ、はるかかなたのものであれ事物の幻想《ヴイジョン》を呼び起こす。(1)「ダンス」、「母親」、「路上」といった短いことばは、遠く、深いところでこだまして、光を放ちながら出現し、運命を浮き彫りにする。

他者がわたしたちを識別することば、「ジーンは男だ」、「彼女は母親だ」、「彼はパイロットだ」、などは、単にわたしたちをひとつのカテゴリーにあてはめ、わたしたちをしかるべき階級や社会的役割に位置づけるだけなのかもしれない。それでも、「わたしは男だ」、「わたしはダンサーです」、「わたしは母親です」と心のなかで声にしたり、公然と口にするとき、わたしは一歩前に進み出ることになる。自分自身を確定することによって、これらのごくありふれたことばは、いまだ目にしたことのない事態の光景をもたらし、わたしたちが配属されている会社の職のかなたに開かれた道や手つかずの領野の光景や、すべてのものがダンスしている世界にあって、かつて目にしたことのないダンスや踊られたことのないダンスの光景、エチオピアでＨＩＶ陽性の子どもをわたしたち自身の腕に抱くという光景を出現させることになる。わたしたちの幻想の身体において、「わたしについて言えば」、「母親であるわたしは」、「わたしはまだ若い」と発言するとき、みずからをそう表現することばは予言のことばなのだ。

V　わたしの物語

11　年代記と物語

わたしたちが、一度「わたしはダンサーだ」、「わたしは母親だ」と認めてしまえば、わたしたちは語るべき何かを持っていることになる。それはただ妊娠や誕生といった些細な事実によって始まるなんら特徴のない出来事の場当たり的な成り行きなどではない[1]。わたしたちは、まずみずからに対して、わたしたちはどこからやって来たのか、ここまでどうやって来たのか、そして、どうやって霊長類学者となり性的無法者となったのか理解し、語る。わたしたちは遠く隔たった何かの前兆となるような事物や出来事の光景《ヴィジョン》によって照らしだされる情熱的な経験に固執する。そして、みずからの現状とその源泉を思い描くのだ。

わたしたちがみずからに語るのは、単に自分自身の人生設計ではなく、物語である[2]。物語とは、ドラマチックなものだ。そのエピソードは、幻影、興奮、危険、冒険などだ。物語の出来事を決定するのは自然の因果性やわたしたちの特性が支配されている法則によってではなく、わたしたちの前方や後方に投じられる幻影や予感、前兆によってである。物語が述べるのは、激しい苛立ち、強いられた迂回、行き止まり、そして、予期せず手に入れるという一連の時間の流れである。すなわち、予期せぬ打開、予測しがたい勝利、そして、そのような勝利を二度と手にすることはないのではないかという絶え間ない不安である。わたしたちの物語は、そうした一連の時間の流れをわたしたちのアイデンティティへと統合する。「わたしは母親です」、「わたしは偶然訪問した難民キャンプでこの孤児を養子にしたのです」、「わたしはついにスラム街の真実を伝えることができたジャーナリストだ」、「わたしはみずからの闘争が潰えてしまった革命家である」、「わたしは悟った夢想家である」。わたしたちは自分の物語がありふれた人間の物語であり、宇宙空間において微細な粒子から構成されている雲に意味などないように、些細な部分から構成されたひとまとまりの物語、そして、ほかのまとまりとすれ違うだけの無意味な物語にすぎないと、みずからに言い聞かせることができる。「俺の人生はクソだ」や「俺なんかなんの価値もねえ」と口にする人間は、自分に言い聞かせる物語を口にしているのだ。

わたしたちの物語は、みずからの人生の年代記ではない。たくさんのことは取り残されてしまうのだ。日常生活の連続性や規則性、つまり、わたしたちにとって無関心な出来事は取り残されてしまう。わたしたちの人生全体とは注意するに値しないもの、何も特別なことが生じない時間のように思えるものなのだ。

わたしたちの経験は、日常生活の連続性や規則性を断ち切るものだが、わたしたちの物語は律動的な性格を獲得する。わたしたちの経験は、モチーフと旋律として表現される。わたしたちはみずからの物語を定期的に語り直す。

汝自身を知れ！　とソクラテスは命じたが、みずからの決断や行動を合理的かつ説明的な図式によって概念化したところでわたしたちは自分を知ることにはならない。ところが、予測不可能で不可解な新しい経験やそのことによって引き起こされる熱を帯びた心理状態を形づくるのは、それらに先行する物語なのだ。つまり、あらたな経験や心理状態こそがプロットを再構成し、新しい登場人物を設定し、誓いのことばを放棄させさえするのだ。わたしたちはみずからの人生のプロットを来るべき未来へと投影することで、当て推量や、希望的観測、創意に富んだ解釈を組みこむのである。

わたしたちは視点や語りを変える。わたしたちは、みずからが語る物語のなかへ、他人がそれを語っているのを聞いているかのように自身の物語を組み入れるのだ。みずからの物語を、新聞、メディア、文学、わたしたちの文化における作者不詳の伝説や神話、叙事詩といったかたちで人によって語られた物語のプロットへと挿入したり、それと比較参照したりする。

しかし、自分自身がいったい何者であるのかをみずからに語る物語は、すでにこれまでに語られた物語とは似ても似つかないものだ。自分が置かれた状況やみずからの構想、みずからの途上での予期せぬ出来事や偶然手にした幸運といったものは、叙事詩、オペラ、悲劇、ロマンス、バレエ、喜劇、ボードヴィルやホーム・コメディ、笑劇といった通常わたしたちが手にすることができる文化的な型式とは相容れない。ある特定の時代と場所における、ある境遇のうちに生まれたという偶然、生まれてきたという偶然にさえ、たじろいでしまうのだ。たとえ自分が何者でもないありふれた人間であろうと、絶対にこれまでに生じたことがなく、今後決してくり返されることがないような、いまここにわたしは存在しているのだ。

みずからの経験を自分に言い聞かせる物語は、自分で立てた誓いのことばがそうであるように公にされることがないかもしれない。それでも、自分が何者であるかを明らかにするために他者に向かって自分の物語を話すこともあろうし、自分たちに共通の苦境や境遇をはっきりさせるという目的でかれらの物語と重ね合わせたり、単にかれらを楽しませるという目的で話すこともあるだろう。他人に自分の物語を話すということは自分にとってみずからの物語を明確にし、熱に浮かされた経験が示したものの重要性をはっきりと自覚させ、みずからの境遇を自覚させ、みずからの強度に歓喜し、みずからの不器用さを笑い飛ばし、悲嘆にくれ、哀悼したり、祈ったり、呪ったりさせるのだ(3)。

そもそも哲学というものは、わたしたちの行為を最終的な原因から説明しようとしたものであった。そして、わたしたちはみずからの行為を、自分たち自身の心が投影された意図や目的、すなわち、わたしたちの心が導きだす未来によってそれを説明するのではなく、〔哲学と〕同じやり方で説明することになる。経験科学は行為を精神化学的、磁気的、電気的衝動、本能と欲動、あるいは社会的要因によって説明している。現在の反応は過去の原因と条件によって決定されていると。ニーチェの説明によれば、過剰な力が内的に強化されて起こるわたしたちの作用・反作用の力は放出される必要があり、ある出来事との偶然の遭遇によって放出がおこなわれる。わたしたちの運動に心によって策動された意図や目標が割り当てられるのは、それらをわたしたち自身に正当化させることによる結果なのだ。その正当化は真理よりも美が優先される。[4] ここに、家族と仕事に恵まれ、活動的で、好奇心に旺盛で、感性が鋭く、肉体的能力にも恵まれた女性がいるとしよう。彼女は偶然、絶滅の脅威にある巨大なクジラの窮状を知る。後になって、クジラ保護キャンペーンのみずからの職について彼女は説明し、正当化するために、みずからの使命感やその理念の崇高さについて話すだろう。

ニーチェの主張によれば、わたしたちが自分の人生について語る物語を支配しているのは、美的な動機である。わたしたちは、自分が聖人君子などではないと進んで認め、良き市民でないと容認することはできるが、自分たちの人生が悲劇的、あるいは喜劇的、壮大であるか魅力的であるか、冒険か遁走であるとみなすことができないなら、軽蔑してしまうものである。みずからの人生を混乱し、矛盾した、みずからにとって不快なものとみなすとき、敵意を持ち、攻撃的になる。ニーチェ曰く、本当に必要なことは、みずからの人生を喜んで直視すべきということにわたしたちが気づくことである。[5]「わたしたちは、何よりもまずもっとも手近な、日々の事柄において、人生の詩人でありたい[6]」。わたしたちの人生をみずからに美的な価値があるものとするのは、スタイルである。わたしたちは力強く、支配的な人物という古典的なスタイルがお気に入りであり、野生的で、気まぐれ、空想的で、無秩序、驚くほど自由な人物に喜びを感じるのである。[7]

しかし、わたしたちがみずからの人生に与えるスタイルは、例えば、社交界のホステスであれば愛想よく、丁寧、老ツァラトゥストラ王の謁見[8]であれば儀礼的でもったいぶったものであるそのスタイルは、わたしたちの情熱的な経験のテンポ、わたしたちに本来的に備わっているリズムや音楽性から生じるのではないのかもしれない。わたしたちがみずからの人生を重要であると見なすかどうかは、ただスタイルによるだけではなく、人生において何に遭遇したかにもよるのだ。サハラ砂漠の遊牧民であるトゥアレグ族、カラハリ砂漠のサン族、ペルーアンデス山脈のケチュア族は何も所有せず、太古からの移動と労働のパターンをくり返しながら生きている。しかし、かれらは砂漠の雄大さのなかを遊牧移動するリズムやその土地に根ざした高山地での労働に強く愛着を抱いているのである。先祖伝来の歌の簡素な旋律がかれらにとって魅惑的なように、みずからの生活様式もかれらには魅惑的なのだ。

わたしたちはただ自分自身の物語の挿話を楽しんでいるだけなのかもしれない。公証人はただ自分の若き日々の詩だけがお気に入りだ。二流の放蕩者はずっと以前に夢見た王妃だけに夢中なのだ。

混乱と危険のバランスをはかる脱ドラマ化のスタイルというものがある。わたしたちは所詮、自分たちと同じような存在とすれ違う、些細なものから構成されたひとつのかたまりにしか過ぎない、と自分に言い聞かせ、どんなに重要な経験でさえ矮小化できるものだ。自分の人生の物語は、ただの些細な経験にすぎず、経験を面白く、魅力的で、高潔で、神聖なものに改変したがっているだけだと認識してる人もいる。[9]文化はキッチュなものや、典型的市民、絵に描いた聖人には事欠かない。

12　伝説的な場所

木々の向こうの谷底に村の灯りが見えるということは、徒歩であと三十分の距離ということだ。わたしたちは少しずつハエに近づくと、ハエはわたしたちの手のスピードから逃れられず、たたき殺される。空間において遠く離れている場所は時間において隔たりがあるのだ。

わたしたちはまず地図で、緯度と経度の座標によって、地図上に記された道路や距離によって場所を見つける。そして、その場所に住み慣れてくると、物語《ナラティヴ》の配置というものが得られる。つまり、この交差点から山へと道が通じているとか、あのレストランでわたしたち全員が食中毒になったとか。新しい家へと引っ越すとき、その家にまつわる物語を見つけだそうとするものだ。ここにだれが住んでいたのか、建てたのはだれか、どうやって強盗が押し入ったか、ハリケーンで被害を被ったかなど。一軒の建物が我が家になる過程で、そのポーチ、ベッドルーム、トイレ、玄関脇の木や裏庭は物語を手に入れるのだ。

みずからの人生について自分に言い聞かせる物語は、風景に、都会にであれ集落にであれ、生産性の高い工場にであれ非生産的な工場であれ、わたしたちの周辺の政治的に管理された地域に、熱のこもった経験の物語の場所を与えるのだ。わたしたちが目にすることができる場所は、自分の人生を決定する光景《ヴィジョン》が出現する場所であり、自分の展望《ヴィジョン》が影を落とされ、それが潰える場所でもある。わたしたちがそこで目にするのは、わたしたちが置かれている環境やわたしたちに備わっている諸力のありのままの物質的対象ではなく、わたしたちを行為へと駆り立て実行させる、物語られた場所なのだ。わたしたちがみずからの人生を物語るさいにこの場所に触れないとしたら、わたしたちの家族や一族が、先祖代々の土地から追放され住み着いた産業地帯、ダンス教師や音楽院もない新興都市地域に根づいた物語だからである。

わたしたちが幼少期を過ごした場所に戻ると、二日間隠れていた森や兄弟と体を較べっこしたガレージを覚えていたりする。わたしたちは自分たちの生活環境における古い物語に直面することになる。ムガール帝国の皇帝が建設したモスク、先住民のイリニ族が製作した矢じり、村はずれに残されたかつてそこで何かが起こったに違いないはずの空き家など。広島の上空で爆発した原爆の被爆地域を歩くことは、わたしたちが一般市民の大量焼却の支持者で受益者であったということを知るということである。アマゾンの熱帯雨林で彷徨ったり、オーストラリアの中央砂漠を彷徨いながら横断することは、林冠から気根を垂らし、ついには百フィートにもおよぶ高さの樹木に巻きついたつる植物、浅根性の熱帯植物の広大な地域を跡形もなく消してしまった暴風雨、岩を侵食し砂の小山を移動させる風、そして大陸プレートが移動し、ぶつかり合う壮大な叙事詩を目にすることなのである。

13

傷とことば

ある願望、ある洞察、ある感情、たとえそれが否定的な考えや感情であっても、歌として声で発せられたものは喜びとなる。その過程は、きわめて重要なものに違いないのだが、わたしたちの神経学や心理学の範疇のはるか外にある。傷や痛みで声を上げるのは、一見ごく単純なことなのだが。

傷ついた動物は、うめき、悲鳴を上げ、金切り声を上げ、唸る。その発声の強大なエネルギーは攻撃者を威嚇する。傷ついたひな鳥や哺乳動物の叫び声は、その両親へ助けを求めている。成体の叫びの場合は、群れや集団に対する助けの求めである。鳥類や人間を含む哺乳動物は、痛みが生じ、それが継続するあいだ、かれらの攻撃されやすい状況では、静かにしておく方が良いにもかかわらず、つぶやきを漏らし、すすり泣き、うめき声を出す。ヴォルテール曰く、言語が人間に与えられた結果、人間はみずからの思想を偽ることができるようになった、しかし、実際のところわたししたちには、目にし感じたものを口にする自然な衝動があるのだ。したがって、わたしたちは嘘をつくことを学ばなければならない。声を発することで傷が生じるのだ。そうであるが故にわたしたちは、傷を負ったとき、叫び声をあげたり、うめき声をあげたりしないことを学ばなくてはならない。

痛みは内在するものである。それは意識的であり、意識そのものであり、意識じたいを下支えし、それにとらわれている意識である。痛みを感じることは、意識にとって意識それじたいから逃れたり、身を隠したりすることはできないということであり、意識そのものを外界の事物や出来事へ投影することはできないのである。苦しみは、通常はリズムを伴って、すすり泣きや唸り声、むせび泣きやつぶやきを生む。それに合わせて痛みのなかにある身体は体内の動的メロディーを再構築し、そうした発声によって、外界で通過するものが生みだすアルペジオやドラムロールと交信するのである。

他者の発する声は、このすすり泣きと唸り声との連結を可能にする。その鎮静効果のあるつぶやきと歌は、その波紋を痛みで混濁した空間へ送り届けるのだ。苦しんでいる人にとって、傍観者のむせび泣きや号泣は痛みだけを増大させるのではなく、苦しんでいるものの身体がその周期性や動的メロディーを構築しようとする発声をも増大させるのだ。

傷、痛み、苦しみはことばを生みだす。わたしたちの喜びを表現するための語彙が極めて少ないのと同様、わたしたちの痛みを表現するために与えられている語彙の数は極めて少ない。しかし、傷、痛み、苦しみは、それらに対するわたしたちの反応を描きだすことばを生みだし、それらを予測し、回避し、修復し、癒すことに取り組むべき対応を描きだすことばをも生みだす。わたしたちは医者にかかり、その後は、科学が引き受けることになる。科学的な言説が描きだすのは、遺伝的、生化学的な欠陥や、いつの間にか侵入した細菌、ウイルス、もしくは腫瘍の増殖といった、それじたい、目的も最終的な結末もない空間での事象である。医学的言説が描きだすのは、なし得る化学的、生化学的、遺伝学的、外科的介入である。

その原因を吟味することによって、わたしたちの傷、苦しみ、死の必然性に意味を与える解釈的言説も存在する。それが明らかにするのは、無能な医者たちや無理解で〔患者を〕監禁し骨抜きにする家族たち、責任を負わない栄養士や投薬、無知な食習慣なのだ。解釈的言説によれば、過失は病んだ器官それじたいにあるということになる。つまり、自然な活力や不摂生からの回復力を頼みにして、それじたいの適切なケアを怠っていると。したがって、最終的な終わりや目的を前提としている社会的、宇宙的空間においては、苦しみは警告、あるいは処罰として解釈されもする。

こうしたことばはみずからの持つ力に酔いしれて、なんとたやすく憤怒や非難の炎を燃え上がらせることだろう！　身体の若々しい活力が、病んだ身体を興味深いものにし、すべての判断を懐疑的にさせるならば、そうした言説によって、病んだ身体はかつては持ちえなかった権威を帯びることになる。回復期、老年期、そして、ますますわたしたちの制御可能な範囲が狭まる時期、これらが要請することは、若者や溢れんばかりの健康を有している人びとに対する要求としてぶつけられる。病人は、みずからの有機体である身体を抑えの効かない本能と衝動によってつき動かされるという理由から、すなわち、みずからの身体は打ち負かし、征服し、制御すべき敵であるという理由のために、身体に罪を負わせる。この解釈の知性、創造力、ずる賢さ、狡猾さは、ソクラテスやエウリピデスの時代から、われわれのうちなる野生に対する病の持つ、吐き気がする、ゾッとさせる力を構築することに十分すぎるほどに力を発揮してきた。

ニーチェの『道徳の系譜学』[1]が出版されてから一世紀以上、道徳の言説は苦しみや死に意味を与えようと躍起になっていたが、ソンタグによる『隠喩としての病い』[2]だけでなく、それらはくり返し攻撃の対象となってきた。肉体的な苦しみの医学的言説だけでなく精神的な苦しみの医学的言説もまた、その妥当性を強化している。

厳格な真実に直面しようと欲する患者は、この言説を学ぶ。彼女は、自身の医師を理解するために、自身の見解をかれらとやりとりするためにその語彙と文法を学ぶ。この言説においては、彼女はもはや苦しんでいる個人ではなく、受動的で物分かりの良い患者であり、みずからの敬意、責務、不安のことばといったものとは無縁の世界における一事例となるのである。

しかしながら、みずからの厳しい試練を乗り越え、自分らしい生き方を全うするために、患者はみずからの衰弱し、手術で損傷した身体を受け入れなければならないのだ。すなわち、彼女は、医学的言説では話題とならないことを明らかにせねばならないのだ。彼女は、彼女自身のショック、恐れ、望みと絶望、みずからの頑なさと臆病さなどだ。彼女は、仕事、セックス、友達づきあい、思考力についての衰えや能力を思い描いてみる必要がある。この言説は現在を過去と未来に結びつけることになるだろう。つまり、それは自分自身に言い聞かせる物語になるのだ。ポール・ウェストが記しているように、「屈服させられた病、克服した病、そして、死を告げられた病でさえとっておきのもの、小説の原案になるのだ。それは破壊してしまうようなものではなく、鼓舞したり、思いださせたりするために手元に置くことができる(3)」。

重度の心臓発作を患い、ペースメーカーを埋め込み、のちには糖尿病を患ったウェストは、医学的言説を習得し、それを発展させ、みずからの物語に仕立て上げた。彼はみずからの死を、物質的な塊が傾斜台から病院の地下室にある遺体安置所の冷蔵庫へ落下することとして描写し、みずからの身体を、星が形成される噴出ガスの組成同様、無作為な素材から構成された電気化学機械として描写する。彼は自分の心臓の左心室に埋めこまれているペースメーカーの物質や機能を隅々まで知り尽くしている。彼は日々の生活、電子レンジや防犯警報器、アーク溶接装置、電動工具、誘導炉、図書館の本の持ちだし警報装置にまつわる体の動かし方を再プログラム化する方法を描きだすのに医学的言説を利用する。しかし、ペースメーカーを受け入れるためには、ペースメーカーにまつわる自分の物語を語る必要があるだろう。

［執刀医は］静脈を通じて探針をそっと滑らせる、それからフランジがリードにそって反り返ると、探針が容易に静脈から、わたしを悩ませている原因である右心房へと通じるのだ……。

ひとたび心室のなかにおさまると、なかにあるヘドロ状のものを引っ掛けて再び外へと飛び出してくるのだった……。わたしをイライラさせるのは、体の中心部で無防備な門脈をすり抜けてスルスルと入ってくるリードであり、陽の目を浴びることなく絶えず動き回る銀色の侵入者であった……。わたしの意識はぐるぐると回り、それを追い払おうと醜態をくり返す。リードは確実にスルスルと侵入し、あたかもおどけた蝶のようにふわふわと漂い、行き着いた場所で痙攣とひきつけを引き起こし、削ぎ落とし、削り取り、わたしの息を切らす……。わたしの心臓は永遠にちっちゃなプロペラを大事にしていくのだ……。こうしたイメージや展開から逃れる代わりに、わたしが思いついたことは、その着想に頭を慣れさせるために、そうしたイメージを存分に利用しなければならないということ、つまり、わたしの想像力が残酷なイメージを柔らかいものへと翻訳し、わたしは心の奥底に潜んでいた許容可能な例えによって難局を乗り越えたのだ。あの煙突用ブラシのようなリードの代わりに静脈に挿入するのは、先端に五つの赤い雄しべがついており、その背後には雌しべの軸とかつては花粉であったしなやかな金色のカンマの小さなワイヤー状のブラシのようなものがある(4)、ピンクのビロードのように柔らかいハイビスカスの雌しべなのだ。

わたしたちの運命を意味づけるという努力を拒絶すること、わたしたちの苦しみを倫理的に解釈しようとすることを拒絶するためには力、病気の身体が身体による告訴に対して与える権限を放棄するという精神力を必要とする。わたしたちがこの精神力に気づくのは、わたしたちがつくり上げたのでもなく、また理解することもない、身体が知っていた、そして今も知っている不可解で畏怖の念を生じさせる健康の物語を語るときである。

これらすべてが何を「意味する」のか、わたしは理解していなかった。いまもって、わたしたちが生を手にしている限り、それが「意味のあること」なのかわからないでいる。わたしたちは、みずからの生命装置を維持し、ほとんど消失しつつある残された時間を積み重ね、「素晴らしい時間をありがとう」と口にし、立ち去っていくためにここに存在しているのだ。こうしたことが、わたしの血液が流れ、目が瞬きし、筋肉が収縮すること以上に創意あふれることはなく、こうした必要最小限のことすべてが、わたしたちが目指すものよりも偉大であるとわたしが感じる理由なのだ。わたしたちは身体が正常に機能している時には、身体において事物が感受している甘美な無価値を過小評価しているのである。(5)

患者が物語る小説の最初の草稿は、血液が巡り、目が瞬きをし、筋肉が収縮する感覚、生きていることへの感謝の必要性、つまりは、「素晴らしい時間をありがとう」と口にする必要性によって幕が開く。わたしたちみずからが生みだしたのでも、何かを製造するようにでもなく、偶然に両親からもたらされたわたしたちの生は、宇宙にとって必要なものではなく、その存在に理由があるわけでもない。単に与えられたものに過ぎない。感謝の念とは、贈与として与えられたことを知るということである。だれかから贈り物をされれば、両手で抱きしめてそれを受け取り、保管し、祝日のテーブルや、火が燃えている暖炉の上の棚に飾る。ことばには意味が含まれており、まとまりによって主張するのものである。「素晴らしい時間をありがとう」ということばは、単に感謝の念を表したり、心のなかに秘めた感謝の念を外に取りだしただけのものではない。それはむしろ感謝の念を作動させ、実現させるのだ。わたしたちは病を得てありがとう、とさえ言うことがある。

彼は身体が、死に至る病に対する愛想の良い主人であることを願っている。彼は病を歓待し、身体の隅々までに移動させ、そのすべてを見せようと願う。彼はみずからの病を贈与、彼に与えられるために選ばれた贈物とみなし、それを手にすること、みずからがその所有者となることにある種の誇りを感じているのだ(6)。

この世界において「素晴らしい時間をありがとう」とは、この世界が素晴らしい場所だと言っているのではなく、この世界には、無償で到来するたくさんの美しい現象に満ち溢れているということなのだ。それを目にするためには工夫が必要ではあるのだが。

わたしたちが抱いている評価の定まった堕落を軽率に受け入れたり、それらとどうにか妥協することが、より広範な美的感覚を手にすることになるのだろうか？　分離可能な美は危ういものだが、だからといって、きちんと見直してみると恋人の脚も唇とおなじくらい愛おしいので、脚にキスをしなければいけないということにはならない。やはりそれは素晴らしいものなのだ。それは救済し、構造を持ち、セザンヌのある種の絵画のようだ。それでは、どうしてわたしが肌身離さず持っているのは、彼女の脚ではなく彼女の顔の写真なのか。結局のところわたしも、わたしたちも、えり好みしているだけなのだろうか？　もし生をそのようなものとして享受しているのだとすれば、生を全体として評価すべきではないのか？　わたしたちに木は作れない。肝臓も作れない。仮にそれらを作れるのだとすれば、木に対してのように肝臓に対しても同じような美的自負を持つだろうか(7)？

わたしたちはただ黙想によって世界を全体として評価できるだろうか。ニーチェは問う。

実際にはそうでないにもかかわらず、どうしたら事物を美しく、魅力的で、わたしたちにとって理想的なものにすることができるのか？　わたしたちは本当にたえずこうした発明と業績を成し遂げようとしている芸術家たちから学ぶべきかもしれないのだ。事物から離れてみること。そうすれば、人が決して見てはいないものが数多くあり、わたしたちがなおもそれらを十二分に見ようとするのであれば、わたしたちの目がいかに不十分であるかが分かるだろう。曲がり角で見たり、裁断したり、枠組みを嵌めたりしているのだ。あるいは、部分的に互いを隠しあったり、ただ建築的眺望をチラッと見せるだけであったり。色ガラスをとおしてであったり、日没の光のなかで見たり、十分に透明とは言い難い表面や皮膜をあたえているにすぎなかったり。こうしたことすべてを芸術家から学ぶべきなのだ。(8)

写真家がわたしたちに提示する世界とは、わたしたちの周囲の世界に存在し、わたしたちもその住人である評価の定まった堕落における美である。かれらは、目が多くのことを追加する必要があるほど遠く離れて、美を写しだし、ほかの事物によって美を枠付けし、部分的には隠された状態で提示するか、不自然な光によって明るくしたり、表面の肌理や反射光を明るくしたりするのだ。ことばは、まさに事物を断片化し、その輪郭によって、あるいはただ骨組みだけから、わたしたちの注意を気づいていない細部へと向かわせたり、遠く離れた事物と関係づけることで、その事物に対し奇妙なアウラと魔力を投げかける。おそらく、事実として恋人の脚は設定と光の加減が正しければ美しく見えるはずなのだ。しかし、わたしたちがその事物を全体において賞賛するように引き上げる黙想をもたらすのは、「やはりそれは素晴らしいものなのだ。それは救済し、構造を持ち、セザンヌのある種の絵画のようだ」ということばではないだろうか?

ことばによってわたしたちは事物の上を軽快に移動する。そして、流れやシンコペーションを加え、柔らかい、あるいは硬い調性、暖かい、あるいは冷たい調性によって、ビートと極小のメロディで、轟音とひそやかな音で、ハーモニーと不協和音で事物における響きを捕捉し、増幅を強めたり弱めたりするのだ。そうすることにおいて、ことばは事物や出来事を包み込み、聖別するのだ。「事物に名と音が与えられたのは、人間が事物を新鮮なものと感じられるようにではなかったか」。ツァラトゥストラはそう言った。「話すことは美しき愚行だ。話すことで、人間はすべての事物の上を踊る。話すという行為のすべて、あらゆる音の詐術のなんと素晴らしいこと。音にあわせて、わたしたちの愛は色とりどりのダンスを踊り続ける(9)」。

そしてことばは、内なるメロディーが再び一体となろうとするうめき声のように、わたしたちを落ち着かせ、癒す。ことばは身体を通じて共振し、身体の内的リズムとメロディー、その音楽性を回復する手助けをする。

傷に結びついていることばもまた傷から自由になることができる。ことばは病からの逃避でありえるし、それじたいが生、ことばの生となることができる。ウェストの気づいたことは、医療界は正当で簡潔な分類法を構築したということであり、彼がそれを学んだのは自分にとっての有用性や学問における昔ながらの知的満足という理由からだけではなく、みずからがそこに見出した喜びゆえにであった。「製作者としてであれ、鑑賞者としてであれ、芸術作品から得られるようなユニークで魅惑的な複雑さの感覚を手にすることができる(10)」。しかしながら、彼もまた小説の執筆へと逃避した。「わたしはなんとか新たな章の最後までたどりつこうとする、つまり、フューリー［復讐の女神たち］が思うがままにした後で、人間精神というものが感じることのできる無条件の感謝の念にわたしは驚嘆するのだ。それはなんとかしてそこを立ち去り、ことばを作動させる劇場へ戻るのである」(11)。わたしたちもまたそうだ。病院内の訪問客と、みずからの病のことは脇に置いて、ほかのことについて、どれほど衝動的に話すことか。わたしたちはことばによって、他者や他者の生とつながる。ことばにはこうした恍惚とした力がある。

Ⅵ　他者を認め、あなたに触れる

14 認識

プラトン以降の哲学において、「認識」とは認識操作を指すことに限定されてきた。その認識操作によって特定の実在や事象がカテゴリーに分類されるのである。認識にはそれによって関係を持つことになるある認知距離を取る必要があるだろう。そして、プラトン以降、哲学者たちは認識を言語の操作という観点から分析してきた。ところが、知覚による認識はそれに先んじて、言語によって説明される認識を可能にする。現在、広範囲におよぶ生物学的な調査によれば、ハトから霊長類までの異なる生物種においてはカテゴリーによる知性に基づいた理解が認められている(1)。

距離を取ることなく、認識される対象に引きつけられて生じる認識もまた存在する。珊瑚礁に生息する熱帯魚、蝶、スズメバチ、ゴクラクチョウ、ハチドリ、シマウマ、キツネには表面色と配色パターンがあり特徴のある鳴き声を発して、お互いを認知しあい、相互に惹きつけられる。人間同士では、挨拶は互いを認知するという目的によって成立するのではない。挨拶をとおして、わたしたちは同時に認識し合い、相手に接近するのだ。

　ジュエルフィッシュやホワイトフィッシュ、トゲウオ、シクリッド、グッピーのあいだでは複雑でとっぴな求愛行動がたくさん記録されている。ミバエ、ホタル、ゴキブリ、クモのあいだでも。オオツノヒツジ、アンテロープ、エルク、ライオン、そしてシーライオンのあいだでも。さらに、皇帝ペンギン、ダチョウ、キジやハチドリのあいだでもそうなのだ。オスだけではなく、時には素晴らしい色彩で彩られたメスもまた求愛行動の儀式を執り行うのである[2]。かれらが引き起こす相手を虜にさせる注意が、求愛された側を求愛する側へ引き寄せるのだ。

　同様に人間同士でも、お互いに認知的距離を伴うカテゴリーによる認識が可能になるには、同時に同族種を惹きつける注意である認識がまずおこなわれてからである。

　わたしたちが目にするもの、わたしたちが耳にするカサカサという音や、砕け散る音、歌。わたしたちが手に触れるザラザラした感じや滑らかさはただの理解すべきパズルの一ピースなのではない。事実、バスタブの水の物憂い流動性やレモネードの味、日光の心地よい輝き、春の柔らかい緑、歩道でボールにじゃれついたり転げ回ったりする子猫の無邪気さを知的に理解することは不可能なのだ。笑いが起こるのは、会話において矛盾が生じたり、動作中に滑ったり、崩れ落ちたり、そもそものはじめから計画が頓挫したりしたときである。驚嘆とは積極的な楽しみであって、過去の支えを失って、未来のレールに飛び乗ったわくわくするような時間を手放さないことである。我が道を行き、どこに向かっているか、実際に進んでるのかなどお構いなしといった状態のありのままでしたり顔の存在に対しどっと起こる笑い声において、わたしたちの活力は炸裂するのだ。

不快とは、わたしたちが頼みにしていたものの喪失や不在に対する無力で、消極的な反応である。衰弱し、死につつあるものや、通過するトラックに当て逃げされた子羊や森林火災から避難する鹿などに強く積極的にかかわれば、悲しみと涙を積極的に引き受けることになる。十分な助けを施すことができず、かれらを失った後で心のなかでその存在を抱くことになるのだ。

笑いと涙はわたしたちを互いに透明な存在にする。海外の空港で、わたしが理解できない乗客たちの言語は、わたしにとってかれらの存在をよそ者にする。有名デザイナーの服を着飾った婦人が注文するために気取ってやってきて、ドシン!、突然ピカピカの床で滑り、尻もちをついて彼女の声は止む。わたしの笑い声は周囲の人たちの笑いのなかで反響し、わたしの笑いのなかでかれらの笑い声がこだまする。わたしはかれらの笑いを理解し、かれら自身を理解し、かれらがわたしと同じような人間であることを理解するのだ。

公園のベンチに座って涙を流している女性に出くわす。どんな悲しみに暮れているのかは分からない。しかし、その悲嘆は周囲の人間に了解され浸透する。エイズで衰弱した子どもが死の境界線を行ったり来たりしているなら、わたしたちはみずからの涙を通じて彼の苦悩を目の当たりにするのだ。

笑いと涙、神への祈りと呪いは、コミュニケーションにおける根本的な形式である。わたしたちはみずからの楽しい気分や悲しみを話すために集う。賛美するものについて話し、だれかの悪態をつく。挨拶、対話者が何をしようが何を言おうが歓迎し、支持すること、そして、冗談、からかい、冷やかし——わたしたちのなかで、多くの会話は真実を目的として進行するわけではない、微笑みや笑いこそが目的なのだ。罵り、呪詛、呪い、感嘆と同様、ため息、うめき声、そして、たくさんの問いかけや冗長は情報を提供するのに役立つのではなく、お互いの苦痛と心配に対する気遣いを確認するものなのだ。情報の伝達や命令の発令はあまり重要ではなく、わたしたちの発話においては散発的なものでしかない。

わたしたちが人びとと行き交うとき、うちに秘めたエロティックな熱が、自分と同じような人びと、自分とは異なる人びと、異なる性、年齢、出身地が遠い見知らぬ人びとへ伝播する。バンコクのキャバレーでは異性装者がみずからの身体を誇示し、老人ホームでは年老いた男が老婦人の顔を熱心に愛撫している、ヨーロッパ最北の町ハンメルフェストでは若者たちが噴水のなかを生まれたままの姿で満喫している。わたしたちはかれらを横目で見やり、かれらの視線と交錯する。ことばを発しなくても、おそらく互いの言語を知らないとしても、互いを理解する。互いに透明な存在となるのだ。エロティックな高揚が伴いながら、さらに、かれらも同じように高揚していることを感じ、かれらに魅了されるのだ。わたしたちにとって言語も文化も疎遠な男女や、わたしたちには居住不可能な地域で生活する男女や、わたしたちに最前線で抵抗するように仕向けられている人びと——わたしたちのデモの進行を無言で封鎖する機動隊員たちのうちにおいてでさえ、隠されたエロティックな態度や誇示の背後にある意味を探り当て、お互いを理解し、惹きつけ合うのである。

人間の幼児はしゃべるようになる前に笑ったり、泣いたりする。さらに、お互いの笑いや涙に共鳴して笑ったり、泣いたりする。現代の生物学者たち(3)によれば、人間の幼児にはチンパンジー、プレーリードッグ、ネズミが笑うのが分かるようだ。個体が認識し、同じ生物種の個体を引き付ける特徴的な色、模様、泣き声は、異なる生物種の個体にとっても魅力的なのかもしれない。キンケイは別の生物種の群れや求愛グループに参加する、水牛はヤクと交尾し、ライオンはトラと、バンドウイルカはオキゴンドウと交尾する。野生であれ、家畜化されたものであれ、ほかの生物種と関係を持つことにおいて、人間はかれらの喜びや喪失の悲嘆に共感することができると確信してきた(4)。わたしたちは鳥の羽や、毛皮、牙、貝殻、花で身を飾る。日本や中東、アフリカで取り上げられるツル、ノガン、エリマキシギの求愛ダンスは、いまだわたしたちの求愛行動にあたらしいかたちを与えている。

15　コンタクト

　わたしが日々気づくことは、わたしのことを見ている人やわたしのことを話している人、わたしに話しかけてくる人は、わたしが社会のなかで占めている職務や、わたしの行っている仕事や、わたしが身につけている白いワイシャツ、オーバーオールやタンクトップに呼びかけているに過ぎないということだ。かれらは、会社員、農民、ビーチをぶらついている人を目にし、呼びかけるのだ。かけがえのない存在としてのわたしが自分自身のことを考えたり、自由にふるまったりする場合、わたしはかれらが抱くイメージから逃れることになる。逆のこともまたあてはまらないだろうか？わたしが頭のなかで、聞いたり解釈したりする動作主《エージェント》や行為者性《エージェンシー》は、そのコードにしたがって解読しているのだ。つまり、わたしたちが執拗に聞かされることになるのは、あれやこれのコード、民族的、階級的、人種的、性別的カテゴリーや枠組みを認識し、精査する必要があるということなのだ。わたしたちのすぐ目の前に立っている人物が、わたしたちに直接話す場合、男性の立場から話しているのか、女性の立場から話しているのか、都市生活者の視点なのか、非定住者の視点なのか、企業役員の見方なのか、黒人の囚人の見方なのか、たくさんの関心と楽しみを共有する仲間なのか、観光客のジャマイカ人なのかタイ人なのか、性産業の従事者がわたしたちのような人間に話かけるやり方なのか、こうしたことを考える必要があるだろうか。

ところが、日々の生活のなかで、わたしとは関係のない人物がわたしに近づいてきて、接触するということが起きる。「おい、君!」。「おい、アル!」。周囲の大変な喧騒のなかで、どんなにこのことばがわたしに響くことか。身なりや身振り、社会的な役割を一気に貫き、わたしを探りだす。かれらの訴えは、わたしが何者であろうとも、真実のわたしを選びだすのだ。わたしがだれの助けも借りずに答えるたびに否定しがたく気づかされるのは、それが実際に起こったということだ。わたしの眼前でわたしに呼びかけているこの男性が、わたしのことやわたしのしたことに何か思い違いでもしているのだと即座に気づいたとしても、彼の発した「君」ということばは本当のわたしに触れ、その思い違いの背後にわたしを呼び起こすのだ。

わたしが長い間、電話でしかやり取りをしていなかった人物が、わたしに、「やあ、アル! おいでよ。君に会えて嬉しいよ」と挨拶する場合、わたしは、このかけがえのない存在である本当の自分が歓迎されているのを実感する。わたしが侮辱されたのであれば、わたしのことばや身振りにそれとなく影響をおよぼす。つまり、わたしはそれを拒絶し、無視し、軽蔑してはねつけ、自分の社会的な地位も揺るがず、平静を保っているように振る舞うことさえできる。しかし、内心は屈辱を覚え、傷つき、小さくなって、悔しがっているのだ。ある人物が軽率なことばや軽蔑的なことば、傷つけたことや激しい怒りに対し、わたしに詫びる場合、そのことばはわたしの生の核心に一気に沁み渡り、報われ、回復され、元に戻ったと感じるのだ。人がわたしを見、明らかにぎこちなく麻痺したかのように一言も発しないのであれば、彼もしくは彼女はわたしの痛みを感じ、わたしの苦しみに苦しめられていることが分かる。お節介な立場のある人間、すなわちわたしが対立し続けている品行正しい公的な身分の人間に憤慨している人物が、ずる賢く、あからさまに悪意を持ってわたしを傷つけ、苦しめようと望んでいる場合、その人物が接触しているのは、わたしの社会的立場やわたしの肉体の殻ではなく、わたしということになる。

16　あなた

わたしが目にしている肉体の所有者であるあなたと接触するということは、概念的にあなたのアイデンティティを把握し、あなたの身体の境界と体内空間に配慮するということを意味する。まず最初に、声のトーンによって、わたしたちは接触することになる。わたしが捕らえるのは、ワクワクしているか退屈しているか、協力的か挑戦的かといった声のトーンである。わたし自身の声のトーンを決めるのはあなたの声だ。「おい！」と威勢のいいトーンであなたに挨拶するのは、あなたが役人やウェイター、そして、よそ者でもなく、あなたを男らしい行動を取ることに力を注ぐ男性であると認めることである。それが魅力的なトーンであれ落胆したようなトーンであれ、制御された自己充足的な生活からくる慎重なトーンで話しかけられた場合、彼女が何を言おうとしているのか理解するのを拒否する以前に、わたしはその声のトーンを、つまり彼女を拒否してしまうのだ。

「わたしとしては……」とあなたは口にする。「わたしがやります」。今まさに発話している人物を指し示すだけの「わたし」の下には、「わたしは母親です」、「わたしはダンサーです」、「わたしは冒険家だ」といったみずからに発するひそかな自分だけのことばがあるのだ。あなたに話しかけるとき、そうしたことばには内的共鳴と影響力があると感じるものだ。

「大丈夫、わたしがそばにいるから」と彼女が口にするトーンにおいて、わたしは彼女が介護者として献身する看護婦であることを感じる。彼のジーンズと格子縞のシャツ、泥がこびりついた作業靴、彼のむき出しの腕と褐色の顔、無骨で無愛想なその喋り方において、現場仕事に応募するためにやってきたこの若者が、石やセメント、木材を扱う手仕事に専心する根っからの建設作業員であることをわたしは実感するのだ。ペルーのアマゾン川流域地帯にある生物学者たちのキャンプを訪れたことがある。そこは資金調達のために有料で旅行者を受け入れている。すぐにブロンドの髪に櫛も通さず、ゴツゴツした手の三十五歳くらいの女性が目に入り、彼女がカリフォルニア訛りのアクセントでわたしに挨拶してきた瞬間、彼女が生まれながらにしてアウトドアが好きな女性で、熱帯雨林居住者であることが分かったのだ。

「わたしとしては……」、「わたしは……しません」と口にする人物に話を向けることとは、彼女がことば通りの人物に敬意を払うということだ。信義を重んじる人物は、男性であれ女性であれ侮辱的言動を許さない。かれらの敬意を非難する人物に対しては、体ごと、生命を賭して立ち向かうであろう。ダンサーが批評家の嘲りに答えるには、ダンスフロアにあるみずからの身体によって立つしかないのだ。医師が人種差別主義者の無礼な振る舞いに答えるのは、暴動のスラム街におけるみずからの身体によってであり、クラブやサロンでの議論によってではない。しかし、彼女も彼もみずからのことばで立ち上がることのない人間に答えることは拒絶するのだ。

わたしがある人物と話しているとき、みずからの発言から自分自身を切り離すことができるように、わたしが呼びかける人物もまた、彼の口にする「わたし」、つまり、彼が言うところの、「わたしが思うに」、「あなたにわたしが言っているのは」ということばから彼自身を切り離すことができる。わたしが対話する相手は、わたしがそうであり得るように、不誠実であり得るし、本心を隠し、偽ることができるのだ。「わたしに言わせて」、というときのみずからのことばによって立つ彼女こそが、「わたしが行きます」、というときのわたしにその彼女が尋ねてきた場合、わたしが答えることになる人物なのだ。わたしがダンサーとして承認するのは、自分がダンサーであると宣言する、ダンサーになりたいと欲しているひとりのダンサーである。わたしが答えるべきだと考えるのは、四十歳のチェ・ゲバラや八十歳のネルソン・マンデラのように、決して自分を売り渡すことなく、わたしはまだまだ青春だと宣言することで、青春を勝ち取る戦いに挑む人物だ。

単に、社会的に成功した生き方を手に入れんがために、青春時代にみずからに掲げたことばを放棄してしまうこともある。「彼はすぐにでも主任になるはずだった。腰を落ち着けるときだったのだ」。フロベールは書く。「そして、彼はみずからの感情を高ぶらせたフルートをやめ、青春の真っただなかにあるブルジョア階級の人間にとって、一日、一瞬たりとも欠かすことができず、彼自身も計り知れない情熱と非常に高い進取の可能性を信じていた詩作を放棄した。平凡な放蕩者はイスラム教国王妃を夢見た。公証人たちはみな、彼のなかに詩人の残骸を記憶している」(1)。しかし、そうであるがゆえにすべての強靭で健康な人物のうちに、若さ、つまりは、その人物の傲慢な言動や衝動的な態度、不作法であったり、虚勢というもののうちに、ひとりの夢想家が存在するのである。

わたしは公的なアイデンティティに呼びかけるのは偽善的、あるいは挑戦的であると思っているのだが、そうであっても、わたしはあなたが何者であるのかを直感的に理解することになる。わたしは学部長、あるいは同僚であるあなたに対して話しかける。あなたの職業は世話役であり、あなたが大学の規則のあれやこれやをくり返すその尊大なトーンのうちに、わたしはあなたが他人に居丈高に振る舞い、すべてをコントロールすることが好きな人物であることを聞き取る。動物園でわたしは、親としての役割をあなたに委ねる。あなたが自分の子どもに対して感情のこもっていない警告や注意で呼びかけるのを耳にしてもなお、そのトーンから分かるのは、あなたが結婚して親になったのは、あなたのうちにある専制とサディスティックなアイデンティティを追求するためであったということだ。わたしやあなたを雇っている会社が要求するコンビニ店員として、わたしはあなたに対し話し続ける。わたしの質問に対し、あなたが返答する退屈した不真面目なトーンから、あなたが都心のプリンスであることに気づく。

わたしにとってあなたと接触するということは、あなたがみずからのうちに埋めこんだ誓いのことばの周囲に、あなたがイメージの万華鏡を回転させ、吉凶の前兆を逆転させる空想の空間に接触するということである。しかし、そんなことが可能なのだろうか。あなたの心とはただひとりの観客だけに許される私的な劇場、あなたの幻想空間とはあなたが自分の神話を精緻につくり上げる場所ではないだろうか。もちろんそうなのかもしれない。わたしたちの時間を共通に満たすものはそんなにあるものではないのだから。

一人暮らしの年老いた女性が、彼女の老猫が一匹のみすぼらしい路地をうろつく野良猫とすったもんだの挙句、驚くべきことにいまだ子どもを宿すことができ、子猫を産むのだと語る。彼女は、手紙も電話もまったくよこさないカリフォルニア在住の息子がもうすぐやって来るのだと語る。彼女は、自分の母親が時おり夜中に尋ねてくることを語る。わたしが彼女と接触するのは、公的で明確なカテゴリー——女性、夫と死別した、年老いた、オクラホマ生まれ——をとおしてではなく、彼女が自分の物語を語るのに耳を傾けることにおいて、笑いと涙をとおして彼女の空想の空間と触れ合うことにおいてなのだ。わたしは、わたしが何者であるのか彼女の認識を得たいとか、彼女を理解したいだとか、人生を理解したいなどと思ってそうするわけではない(2)。

あなたを尊重するとは、あなたが自分自身であることを肯定し、あなたがかけがえのないひとりの人間であることを、認め、承認することだ(3)。実際、子ども、外国人、ホームレス、非行少年少女を尊重するとは、彼や彼女がみずからの物語を語ることに耳を傾けることである(4)。教師やカウンセラーにとって、気遣いとは学校の問題児の語る物語に耳を傾けることであり、カップルにとっては、かれらが陥った不和について伴侶が語る物語に耳を傾けることである。心理療法士にとっては神経症患者がみずからのことばで語らねばならない物語に耳を傾けることなのだ。争っている敵対者、敵対者となってしまった隣人や伴侶を尊重しようとするなら、相手がこの不和に至った出来事を順番に詳しく話すのに耳を傾けるべきなのだ。

「だれにでも物語がある」。誤りを悟り肩をすくめて警官がこう口にするとき、それが意味しているのは、物語はアリバイ、あるいは、言い訳として組み立てられるということだ。彼が耳にする物語は告訴する人物や判決を下す人物の対面によって〔都合よく〕抽出されたものなのだ。しかし、遠く離れた場所への旅行について人びとが語る物語や、ずっと以前に別の土地から移民した祖父母たちが語る物語や、友人たちがずいぶん昔の幼少期からの出来事を語る物語は、ためになることや教訓を含んでいたり、賞賛や非難を引きだしたりもしない。すべての友人たちや知人たちが食事を囲んで座り、電話で話し、公園を散策し、夜の時間や週末を一緒に過ごし、仕事場の決めごとの些細な変更から物語がつくり上げられたり、歩道を歩く際に出会った人や目にしたものから物語が発展したり、テレビで傍観したスポーツ観戦から物語が生まれたり――だれにでも物語がある。そして物語に耳を傾けることは、わたしたちのうちに存在している道徳的な堅苦しさを沈黙させるのである。

わたしたちの経験の物語には、真っ先に拒否すべきであるとみずからに言い聞かせるべき二つの解釈がある。ひとつはヘーゲル流の考え方であって、こうした物語、すなわち、すべての人間の出会いにおいて重要なことは承認への欲求である。彼は即自的な自我というものは存在しないというみずからの考えに基づいてそう考えている。自分自身を自覚することができるようになる唯一の方法は、外部の鏡の反映によるものだ。主人はみずからの支配を奴隷の平伏した身体と怯えたまなざしに見出し、奴隷はみずからの隷属状態を主人の恐ろしい権力に見出す。ヘーゲルにとっては、わたしたちの為すすべて、すなわち、おしゃれをするかカジュアルな格好をするか、ヘルスクラブに入会する、大学に通う、結婚式を挙げることはわたしたちの承認を求める根本的欲求実現のための作戦であり、戦略なのだ。しかし、ダンスフロアやメキシコの市場、ダイビング・ボート、熱帯雨林、あなたとわたしが偶然に出会う裏庭のベンチなどはそうではない。承認に対する根本的欲求とは、絶えず自己宣伝がくり広げられる政治家の世界であり、広報担当者やパパラッチなしではすまされない、悪評でさえ良い宣伝であるセレブリティーの世界なのだ。心のなかでひそかに自分自身に刻みこむ誓いのことばに見出すことができるアイデンティティをヘーゲルは完全に無視している。彼が認めるのは、わたしたちの孤立とアイデンティティを確定する恐怖感だけなのだ。彼は内面の喜びや自尊心、わたしは好色家である、わたしはランナーである、わたしは飛行家であるとひとりで自認するときに心のなかで沸き上がるエネルギー、感情の高ぶりを無視しているのだ。

わたしたちひとりひとりは、みずからの生を正当化するというある根本的な倫理的欲求にしたがっているという考え方も存在する。わたしたちが出会うすべての人間による告発を受けながら、わたしたちは生を営まざるをえないという考え方は、断固拒否されるべきものだ。あなたがみずからに、そしてわたしに語るべき物語は、あなたの人生の設計図の一部に含まれるような、たくさんの計画や、取り組み、成果に関する物語ではない。事実、あなたは偶然に誕生し、その人生における決定的な展開――世界でもっとも裕福な国の郊外に生を受けたか、広大な辺境にあるみすぼらしい家で生を享けたか、五体満足であったか先天的な障害があったか、学校を、ひょっとすると大学を修了する知能を持ち合わせ、だれかと恋に落ち、おおらかな性格かふさぎがちな性格か、有り余るほどのエネルギーを自由に発散できたか、自分の欲求や欲望をひどく抑圧されたか――、すべてはその時々の運に左右されている。このように幸運と不運がくり返し降りかかることによって、理解不可能で、明白に偶然が支配する外部に対し、人は大きく開かれることになる。あなたの空想の空間は、あなたが熟慮し、理解し、その意味を見出し、理解する内なる表現ではない。それは、あなたを笑わせたり、泣かせたり、祈りや呪いの声を上げさせる幸運と不運の生の営みへと導くことになる世界のあらわれ、暈《ハロー》、幻影なのだ。

わたしはあなたをみずからの笑いや涙、みずからの祈りや呪いのことばのうちに自分自身を肯定する存在として意識するとき、尊厳を与えることになる。工場主の脅迫を前にしてストライキをする人びとのやじ、未亡人の嘆き――それは深く悲しむ勇気と強さである――、子どもが子犬に対して抱く愛情こそが、わたしたちに尊敬の念を抱かせるのだ。罠にかかったジャガーの悲惨な境遇、若々しいワシが飛び立つときの歓喜、オオカミの子が遊び戯れる様子が、わたしたちに尊敬の念を抱かせるのだ。

敬意を持ってあなたという存在に近づくということは、あなたの笑いの瞬間的な炎にわたしの真摯な思いを触れさせることであり、あなたの嘆きの陰鬱さにわたしの陽気さを触れさせることであり、わたしの失望と苦しみにあなたの祝福を授け、あなたの呪いの衝撃にわたし自身をさらすことである。それは、わたし自身をあなたにさらす——あなたがわたしを冒涜し、侵害し、傷つけることにみずからを委ねることである。

17

強い絆

かれらを「信頼する」、とわたしたちが口にするとき、わたしたちはみずからの信念に基づいて行動している。というのは、かれらが正直である、あるいはおそらく正直であると信じるに足る理由があるからである。その理由は、わたしたちが徐々に人間関係の信用の度合いを深めることから生まれる。疑念が生じるのは、疑うべき理由があるからだ。図書館の書庫のなかをしなやかに動いていたものがヘビであるとか、砂漠にある道の前方に水たまりがあるとか、見ているものが本当に存在しているのかどうかわたしたちが疑念を抱くのは、仔細に眺めてみれば、それが床の上に落ちた木々の影であったり、運転して先に進んでみれば、チラチラと揺らめいていて見えた水たまりがアスファルトの硬い表面にすぎなかったりするからなのだ。わたしたちが目にしたものに疑念を抱くということは、より広く見れば、わたしたちはいま目にしているものを真実とみなすということでもある。

わたしたちはみずからの感覚が時として自分自身を欺くということを知っている。そもそもわたしたちの感覚が見せかけでしかなく、わたしたちは常に夢見の状態であり、想像によるでっちあげが本当に知覚していると思っていることを生みだし、はたまたそれが悪魔の仕業であるということがあるだろうか？　わたしたちが抽象的な科学的表現や数学、舞台裏でくり広げられる神聖な世界や悪魔的な世界をより真実らしく感じ取る理由があるときに初めて、わたしたちが知覚するすべてを疑うことができるのではないだろうか――とはいえ、こういったことはすべてわたしたちが知覚することから派生するのだが。みずからの基礎的な知的能力に対する信頼や効果的に行動し振る舞うみずからの能力に対する信頼がまず存在し、わたしたちが信じたり、疑ったりすることを可能にするのだ。

わたしたちは上水を供給してくれる公益事業者を頼りにしているし、配送料を支払ってしまえば、荷物を送り先まで届けてくれる郵便職員に依存している。個人がどのように振る舞うかに対して、わたしたちが予期することの基本にあるのは、公益事業会社や郵便システムがどのようにはたらき、そこである役割を負っている個人がどのように振る舞うように決められているかを知っているという事実である。わたしたちはある特定の個人が、求められたようには振る舞わないかもしれないという疑念を抱く必要があるのかもしれない。公共事業に関する報道においてくり返し述べられるのは――組織に対する不信――とは逆の、一般的な組織というものに対する信頼である。人びとが政府や自治体、教会や報道機関を信頼していないと言われる場合、その信頼とは、それら組織の手段や実行がその機能を履行し、その組織においてしかるべき地位にある個人が要求されたとおりに行動し、それを怠った場合には制裁を受けるということが保証されることによって築かれるものなのだ。

わたしたちは、ある人物が環境や信仰を共有しているという親近感から、特定の方法で行動する人物を信頼するという場合がよくある。環境や信仰といったものに対する価値観は、個人においてはみずからのアイデンティティに結びついている。わたしたちが子どもの保護者、洪水の犠牲者や正統派ユダヤ教徒を信頼するのは、どこかバス運転手や上水道貯水池の検査官を信頼しているのに似ている。

商品やサービスの、権力や名声の、そして、知識の生産や流通にかかわるあらゆる種類の社会組織は、諸個人が定められた役割を遂行するという承諾、および、報酬と制裁という支配によって維持されている。エミール・デュルケームは、あらゆる社会組織における、「前契約的」要素について論じている。つまり、認識し、判断し、行為する主体である諸個人は、多様な人間が特定の役割や個人に対して与えることになるかもしれない明確な承認に先立って、諸個人の間で信頼の絆を築くのである。男女が互いに信頼したがゆえに、住居コミュニティを築くことができたのだし、生産的事業における役割配分の承認を築くことができたのだ。共通のことばのやり取りや共同の科学的探求に対する信用が、最初に、そして終始わたしたちのうちにもたらすことになるのは、経験的、あるいは実践的知識の分野において、観察結果として信用しうるもの、観察結果を記述するために正確で確実な言語であると信用しうるもの、そして、科学的探求の議論、証拠として信用できるものであることをともに決定する人間に対する信頼なのだ。

わたしたちは広い意味で制度を信頼するとか、知識やものの体系[1]を信頼するとか口にするが、信頼の核となる経験は、だれかを信頼するということである。信頼とは、あるひとりの個人とのあいだに築かれる絆なのである。わたしたちは、何事かを主張する人物を、この人物が保持しているやもしれない資料や証拠を目にしたり、理解できなくても信頼することがあるが、その場合、わたしたちはその人物を信頼しているのだ。信頼とは、わたしたちと結びついている人物との間に生じる、わたしたちの絆なのだ。わたしたちは有言実行の人物やベストを尽くす人物を信頼する。わたしたちがその人物が口にすることを信用したり、その人物の行為が最良のものであると信用するのは、わたしたちがその人物を信頼しているからである。

わたしたちが信頼するのは、人が口にすることばなのであって、わたしたちがそう考えている人間行動を決定する神経学的、心理学的要因や彼または彼女に加えられる社会的プレッシャーではない。わたしたちに救いの手を差し伸べ、わたしたちを導き、わたしたちを救出する人物をわたしたちは信頼する。もっとも、わたしたちやその人物はそうすることがみずからの利益に合わないことを知ってはいるのだが。わたしたちはその人物が誤解されたり、わたしたちを誤った方向に導く可能性があるということを知っている。

宗教的伝統において喚起された信仰は、個人的な神性にかかわるという点で、信頼に似ている。個人的な神性においては、その精神と意志は不可知であるが、信奉者たちは、個人的神性が全知で、真実であり、いついかなる時でも善であると主張する。信頼が信仰とは異なる点は、その人物のことばや行動をわたしたちが理解していない、その人物の動機や真意をわたしたちが知っていないということにあり、その人物は無知で無能、傲慢で悪意のある人物かもしれないということにある。

だれかを信頼するということは、その人物について知られていることすべてに対して信を置き、知られている事実を額面通りに受け入れる信仰を単に拡張したものではない。ある人物が信頼された助言者となるのは、長きにわたっての試行錯誤の結果ではないだろうか？　支配者というものはだれしも、部下について知れば知るほど、部下たちもまた支配者を知ることとなり、その結果、必然的に部下が支配者を操り、みずからの利益のために支配者を利用する機会が増すということを熟知している。これが見知らぬものを信頼するようにわたしたちを導く、ある社会における価値基準と諸個人の同調圧力に関して、わたしたちが知るところのすべてだろうか？　しかしながら、ある見知らぬ人物の判断を仰ぐということは、この人物がみずからの利益のために判断を行うことがあるということに気づいているということでもある。

わたしたちは、どの時点で信頼が保証されるのかを問うことになる。というのは、信頼とは未知の何かに関係することであるがゆえに、信頼の価値を実証することなど無理だからである。できるのはせいぜい信頼できないことの例証をあげることぐらいである。しかし、実験科学において、仮説の誤りを立証する決定的な実験が存在しないように、あらゆるインフォーマントたち、さらに、マーガレット・ミードやエドワード・エヴァン・エヴァンズ＝プリチャードによる民族誌的記述が、回復記憶やフィクションという濁水へと追いやられるという決定的な証拠も存在しないのである。

人類学者たちが述べるように、人類学を他の社会科学の学問分野と異なるものにしているのは、フィールドワークの経験である。政府の役人や貿易業者、探検家、宣教師たちもまた現地に赴き、時としてそれはずっと長い年月のこともある。人類学者の経験をきわめて特殊なものにさせているのは、陶酔するような、人を夢中にさせる、忘れ難い信頼に身を委ねるという行為ではないだろうか。

民族誌学者たちは、かれらが観察の対象にする人びとがどのように生活し、思考するかについて信用することのできるレポートをつくり上げることに着手する。かれらが観察の対象とする人びとの行動は、かれらが信じ感じることによって方向づけられるので、民族誌学者たちの観察は、かれらから話を聞くことから切り離すことができない。民族誌学者たちのレポートの信憑性を生みだすのは、かれらのインフォーマントに対する信頼である。民族誌学者たちは、もちろんその信頼性を注意深く吟味するのだが、そのほかのインフォーマントたちの認識能力と信憑性を信頼することによって、はじめてそれが可能となる。

フィールドで調査を行う人類学者であればだれしもが、自己を放棄する深淵からみずからを押しとどめる唯一の力である信頼が発生する瞬間というものを知っている。――信頼、文化、教育、年齢において、最大限自分からは隔たった存在に対する信頼、その人類学者とはまったく共通点がなく、民族的、国家的、宗教的結びつきのない存在に対する信頼。実際、フィールドに足を踏み入れると、人類学者たちはみな、居住、食料、そしてまさに現地での生存が、かれらがそのことばをほぼ理解できない現地の住民に著しく依存していることにみずから気づくのである。

見知らぬ人を信頼すること以上に、日常的に広くおこなわれていることがあるだろうか？　旅行者は日々、道を尋ねるために見知らぬ人の仕事や彼が没頭していることを中断させるが、それでいて無視されたり、間違った道を教えられたりすることはない。旅慣れた旅行者であればあるほど、二度と会うことも、感謝のことばをかける暇さえなく立ち去ってしまう見知らぬ人に依存しているものだ。あらゆる制度的な枠組みがなく、告白の義務がなく、動機やことばの理解さえ越えたところでひとりの個人に出会うという場面において、信頼へと導かれ、その陶酔が押し寄せる。

疑念や慎重な検討で凝り固まったものを断ち切る力こそが、何かの誕生を告げるものであり、始まりなのだ。その力はみずからのうちにその契機を秘めており、みずからを基礎として成立しているのである。この力はどうすれば感じることができるだろうか！　わたしたちに対する反応や動機といったものがきわめて不確かな見知らぬ人たちを前にして、わたしたちは唐突にあるひとりの人物を見定め、信頼を感じ取るのである。さながら故障した発電機が元どおりになって、光がわたしたちを照らし、わたしたちの進むべき道筋に送りだすかのように。

わたしから信頼されているという自覚のある女医は、この手術を何度も行ったことがあるゆえに、行うべき手術や予防措置を知っているのだが、彼女はわたしの身体が一度もメスが入れられたことのない身体とは異なり、状態に波があり、治療に対する身体の反応もまちまちであることは知っているが、わたしが体をどのように使い、これから使うのかについては知らない。彼女は、自分には分からないことがたくさんあるということを知っている。つまり彼女は、未知のものがあらわれたときに、それに対処できる自信を持っているのである。彼女は自分の知識よりも、自信を頼りにしているのだ。一度わたしが彼女を信頼すれば、この信頼がさらなる信頼を生みだすことができるだけのことだ。わたしが彼女を信頼する力は、彼女の自分自身に対する信頼をみずからのうちにおいて支配的な力へと変え、みずからの不安と動揺を解消するのだ。

わたしが自分の執刀医としての彼女を信頼しているということは、ある午後に長時間にわたり、彼女の子ども時代の思い出や、修行時代のこと、家族の職業や娯楽について彼女の話を聞くよりもずっと深くわたしが彼女について知っていると感じているということだ。わたしが知っていることは、彼女が依って立つ彼女自身のことばの力なのである。

わたしは「わたしはダンサーだ」、「わたしはこの森の番人だ」と発言することで、わたしの信頼はわたしに独力でダンサーになることができることを教えてくれるであろう偉大な教師に、みずからの生命の危機に顧みず消化活動にあたる同僚や見知らぬ人たちに訴えかけるのである。信頼は他者のことば、そして洞察力と親密な関係にあるものだ。

わたしたちの知識はすべて信頼の複合的な作用に基づいているがゆえに、知識を追求するという経験は、単に人を安心させたり、心地よくさせたりするだけではなく、刺激的で、人を活気づけるものである。一度だれかを信頼することを決心すれば、そこには力や光、際立った自由の流れ《フロー》が漂うことになる。わたしたちは互いのうちに存在するみずからの信頼を、冒険や祝宴、魅惑のゲーム、勇気、技能というかたちで、叙事詩、歌、詩、思想というかたちで祝福するのだ。

見ず知らずの人を信頼するには、勇気を必要とする。そして、わたしが信頼するその人物が自分自身を信頼するためには、勇気を必要とする。だれかを信頼することは、わたしに勇気を与え、わたしの勇気はわたしが信頼するその人物をさらに信頼に値する人物に、さらに勇敢な人物にする。死に至る病や難破状態、自然災害、絶滅収容所における他者の勇気は、希望のない状態に直面しているわたしたちに勇気を与えることができる。

アリストテレスは『ニコマコス倫理学』において、徳（アレテー、特定の機能の実現における卓越性）を列挙し、まず勇気を挙げている。単にリストの最初に挙げたわけではなく、それは、それが存在しなければ、そのほかの徳（抑制、寛大さ、高潔さ、友情、誠実さ、さらに会話における機知）が存在し得ないような、超越論的な徳なのである。(2) 友情、雅量、笑いと涙が共有された会話における機知、そして、誠実さが存在するのは、ありのままの自分を肯定するあなたと接するとき、あなたの洞察力に接するとき、あなたに対し敬意を抱き、あなたの話に耳を傾けるときだ。わたしとあなたの交流は、信頼と勇気によってもたらされるのだ。

Ⅶ　言わなければならないこと

18 周知のこと

わたしたちが言語の世界に入るのは、他人や知り合いの人物か、不特定の人物が、食べものや家具、行楽地について話すことを聞き覚えることによってである。わたしたちは、みずからが目にしている事物や状況、すなわちありのままの事実について、ほかの人たちが何と言っているのかを耳にし、それをくり返す。話しことばは、環境において反復される状況の大筋を説明するのである。話しことばは、子どもや観光客、移住者の環境を、すでに分かりきったものとして提示する。わたしたちにとって特別な状況を説明するのは、その後だ。

わたしたちはオレゴンへの旅行から戻り、そのことについて話す。「あそこの海岸の外岸はモミの木とマツの木で覆われている。見事な砂丘がある」。わたしたちは木々がその地で呼ばれてきた名称を、そして、北部ウエストコーストについて話されていたことをくり返す。「雨が降りそうだ」とは今日の天気の状況をみずからの観察によって述べたものではない。わたしたちが口にするのは、こんな空模様の日に人びとが口にする子どものときから聞いてきたフレーズなのだ。

話すときにわたしたちが伝えていることの大部分は、わたしたち自身がまったく見たことがないことである。イスラム教でも仏教でもなく、ローマ帝国のある地方に生まれたイエスの誕生日であると想定されている日から計算するキリスト教の暦で、二〇〇七年のことだ。わたしたちが地理のクラスでそう口にするように教えられたことが、タブロイドチャンネルや伝道者、心理療法士によって午後のラジオで放送される。世論調査は大衆がパナマ侵攻や北朝鮮との交渉をどのように考えているか要約したりはしない。それどころか、世論調査はマスコミのニュース解説者や政治家が発言した短い引用のうちで記憶に残ったものから、大衆を抽出したものでしかない。

会話はただ四方八方に循環するだけではない。話者は、だれのものか分からないことばの単なる中継地点ではない。わたしたちの周囲、つまり、作業チーム、隣人関係、年齢層、「社会」、集団や一味にはさまざまな方向、指示が存在している。要するに、集団は常に会話するように命じられているのだ。合言葉、キャッチフレーズ、指示《キュー》、何について、いつ、どのように話すかの合図(1)。こうしたことばは、語の選択、文法的・修辞的選択を指示し、わたしたちの声の抑揚を指図し、発話や同意のテンポを急激にするか、一定にするか命じるのだ。沈黙、中傷、冷笑は、グループでの会話からの逸脱行為とみなされる。

天気やカリフォルニアワイン、ラップ音楽、サッカーの試合、携帯電話について話す場合、その話し方をとやかく言う人間がいるだろうか。こうした場合のセリフは、だいたい決まっているものだ。シルバー塗装されたフリンジつきの革ジャケットを着た人物がサンフランシスコから、ある晩そこでハイになって入れたピアスと鋲を入れた舌でドミトリーに到着する。しばらくの間がある。一団は何をいうべきか分からない。そこでグループのリーダー格の人物がこう言う。「すげえや」あるいは、「そのかまっぽいジャケットはどこで手に入れたんだ。おまけに舌にピアスかよ。まったく」。こうしたことばはわたしたちにいかなる情報ももたらさない。その代わりにわたしたちに何か言うように要求してくるのだ。

ばらまかれたことばは、会話のなかである秩序を持ち始めると同時に、ほかの話者を操ることになる。こうした合図や合言葉は歯切れよく、短いものだ。「クール」、「シック」、「ファゴッティ」、グループの一員として認められるためには、大学の男子運動選手や女子学生クラブやトレンチコート・ギャングの間で使用される一連のこうしたことばを理解する必要がある。それらはパスワードなのだ。ある専門分野のことばを習得し、博士号を取り、職を得たら、学部の会合に出席して、カリキュラムの変更を話し合うためにどのようなことばを使うべきか、どのくらいの時間でみずからの意見を表明し、どの程度真剣に、かつ愛想良い声の抑揚で話し、学部長や学部のほかのメンバーをどの程度気にかけ、途中で目上の教授と衝突すればどんな世間話に興じればよいかなどを理解しておく必要がある。

会話はハイデガーの「世人（*das Man*）[(2)]」が連想させるような匿名のなんら特徴のない多数の人間

のなかを循環するわけではない。あるグループ、一団、一味、ミリュウ、「社会」、そして共同体《コミュニティ》は吸引力や反発力、共感や反感、同盟や裏切り、浸透や膨張によって定義されるが、そうした作用は道具やほかの身体と連結し、繊細で敏感な身体に影響を与える。それを知りたければ、小説家のように、近隣や町、地方の情熱地図を思い描いてみるべきだろう。ウィリアム・フォークナーは家族における忠誠と排除、個人間における友情と心酔、新参者の侵略、古くからの憎悪と新しい憎悪、同盟と野心的で復讐心に燃えた進出によって領土を描きだしている。合図や合言葉が発せられると、こうした環境においてエネルギーの運動が生じて、高まるのである。

集合体は多数からなり重複している。ひとりの男性は、一日のうちに、家庭内では「典型的な父親のように」話し、ボスとして部下に命令し、恋人とはその気を引こうと子どもっぽい会話に勤しむのだ。就寝中、彼の睡眠中の心は、日中、彼を悩ませたものや彼を幼少時代から苦しめてきたものについての夢の話法《ディスコース》をつくり上げる。電話が鳴れば、急に職業的な声になり、電話をするのが遅くなっている急ぎの用件について仕事の同僚と話すのである。

＊　＊　＊

集団作業や共同防衛の取り組み、市場での商品の生産と交換を命じる会話は、そのままでは、現状や課題を明確に説明したりはしない。新たな言説《ディスコース》を補足することによって、その集団に関係する人びと、そして、その集団に関係しない人びとに対してもその課題を正当化する。社会理論家は、その集団に関係する人びと、そして、その集団に関係しない人びとに対しても、集団作業や防衛努力、生産事業、そして市場を正当化するために、念入りな理由づけが可能な領域と首尾一貫性を描きだそうと試みてきた。この言説《ディスコース》を社会、あるいは社会運動の神話として、あるいは、政治的、軍事的政策のレトリックとして見做すことは、社会分析家たちがその真相からいかに遠い場所にいるかを示している。つまり、それをある集団のイデオロギーと見做すことは、かれらがそれを支配する集団と支配される集団の利害を反映したものとして正当化していることを示している。

ソースティン・ヴェブレンは『有閑階級の理論』を著した。彼は合図、サイン、合言葉、スローガン、命令、さらに身体言語《ボディランゲージ》、女性の衣服、食事の好み、服装、そして有閑階級の家財道具はすべて、一貫して理路整然とした体系で組み合わされていると説明した。この言説《ディスコース》は労働階級から有閑階級を区別すると同時に、かれらの閑暇を正当化するために機能していることから、単純な社会描写として理解することは不可能だ。社会の内部に存在する有閑階級の真のはたらきを覆い隠すのに役立っている。それゆえに、それが明るみに出され、社会学者によって説明される必要がある。有閑階級の理論の全体像と徹底したシニシズムはそれじたい、その階級によって行使された支配の有力な手段なのである。

カール・マルクス、そしてもっと最近では、ピエール・ブルデューが労働者階級の理論をまとめた。両者とも都心の路上生活者の理論はまとめなかった。マルクスはかれらをルンペン・プロレタリアートとして除外し、労働者運動においては当てにならないものみなした。かれらの考え方は単純《ナイーブ》なものであった。実際のところ、路上生活者は支配階級にとっては不可解な存在なのだ。オスカー・ルイスはこのギャップを彼が「貧困の文化」と呼ぶものに対するわたしたちの理解のうちに見出している。長年、メキシコ・シティのスラム街に暮らしながら、手始めに貧困層の世界観を探求し、書き上げることに着手した。しかし、彼のそのプロジェクトはおのずから崩壊してしまった。彼が書いたのは、『サンチェスの子供たち』(3)であり、実際にはひとつの家族の多種多様なバイオグラフィーであり、かれら自身がみずからのことばで語ったものだったのだ。

ルンペン・プロレタリアート、都心の貧困層、スラムの住人たちが、均質な階級を構成することはない。しかしその代わりに、吸引力と反発力、同盟そして浸透によって結びつけられる環境、一族、一団、一味を構成する。そこではひとりひとりが数少ない道具や数少ない贅沢品、ほかの人たちと結ばれるのだ。合図や合言葉、パスワードがこうした結合を指示するのだ。それは途切れ途切れの発話である。首尾一貫したイデオロギーから派生するものではない。

このことは歴史の有閑階級や支配階級にも当てはまらないだろうか。イデオロギーの概念は、全体的統一、誇大妄想、シニシズムを、ある社会や社会運動、政治的あるいは軍事的政策、支配階級の結果であると考える。事実、人びとがみずからの利益に関して抱く信念が行き着く先は、せいぜい希望的観測の正当化や行きすぎたペシミズムでしかない。何らかの利益の獲得に役立つような信念がそうした利益から説明される必然性はないのだ。

ミシェル・フーコーが明らかにしたのは、監視や統治の手段、そして、現代の制度的群島の統制は、段階的に発明されたということである。一度、社会権力のメカニズムが発明されてしまえば、それはさまざまな形で利用されうる。[4]そのひとつが支配である。こういった使用を指示する合図や合言葉は、段階的に発明される。言語に力を与えること、すなわち、権力の言語を生みだすのは支配の全体理論の整合性――実際、社会批評はそれを明らかにするのではなく、構築するのだが――ではなく、多くの断片からなる特異な力、局所的な権力を結合させる不連続な指令のことばなのである。

集団作業と共同防衛は現状と課題について正確に説明する言語を必要とする。信頼性のある判断と情報に基づく関与が市場を機能させる。集団の冒険と愚行には現実の知識がいくらか必要とされるのだ。

言語を作動させる用語はカテゴリーである。カテゴリーは実体や出来事の識別可能な特徴――他者においてもそうであるように、一瞬一瞬が過ぎ去るにつれて、この実体や出来事において思い起こされる特徴を記録する。カテゴリーは他者によって認識可能なものを記録するのである。ある実体や出来事を正確に説明することは、みずからを観察者と真実の語り手の系列のなかに位置づけることである。

合理的知識は、それによって理由づけされる、もしくは理由づけされ得る説明によって成り立っている。合理的理由は見識を備えていればだれでも利用可能である実証された説明から、経験的証拠、もしくは必然的帰結をもたらす。理由づけする行為、理由を要求するという行為は、あらゆる見識や理解のある人からの問いや批判や受容に対して、すべての合理的説明を提出する。合理的に話す人であれば、見識を備えた人をみな、みずからの発言の判定者とみなすのである。こうした行為は潜在的な合理的共同体《コミュニティ》をもたらすのだ。

合理的共同体《コミュニティ》はさまざまな科学的、科学技術的共同体《コミュニティ》へ細分化される。科学的分野内やある科学技術的分野における研究者の間でおこなわれるコミュニケーションは、認定に基づいている。すなわち、それは観察として信頼され得るものであり、観察の認定において精度の基準が確かなものであり、さまざまな科学領域や、実用的、科学技術的使用において観察を説明するために十分に厳格かつ精確な共通言語でなければならない。さらに、論理学、物理学、歴史学、文芸学や聖書学、経済学、刑罰学、法律学、軍事戦略、医療において、論拠として信頼可能とされた認定がある。

科学的、科学技術的作業において、観察として、論拠として信頼されうるかの認定を行うのは専門家だ。権威筋がみずからの認定を有効にするのは、科学分野以外でみられる理由体系や日常活動によるのではない。そうではなく、これまでの科学において使用されてきた分類法であったり、観察の判定においてこれまでに維持されてきた精度基準であったりするのだ。かれらが識別するために新しい専門用語を用いたり、新しい精度基準を導入するのを決定することで、かれらの専門知識が特定の科学的、あるいは科学技術的共同体から認定されることになるのだ。

科学的、科学技術的作業には、研究者や技術者を選別し教育する研究機関が必要なように、精確で再現性が確保される専門的な水準のデータ収集を行うために、研究チームや研究所を設立し、資金を調達する研究機関が必要である。事物について何が言え、何を言わなければならないのかを決めるには、何の研究が公にされ、それがどのように判断されるのかを選択する機関が必要とされるのである。

科学の研究チームにおいて話題になるのは、単にテーマの重要性であったり、解決すべき問題に内在する順序でもない。話題を左右するのは、熱狂やオブセッション、職業的あるいは金銭的野心であったり、合言葉や指図、スローガンを発するリーダーに対する妬みであったりする。(5)

天然資源や工業、市場、集団防衛という環境のもとで生活したり、働いたりしていると、「周知の事実」として受け取られる常套句と付き合うことになる。そのほとんどが、いい加減な観察や当て推量、締め切りがあり、大げさに演出する必要のあるメディアによってばら撒かれた伝聞かもしれないが、その大半はまったくの真実でもある。(6) 十七世紀の経験科学の擁護者たちは、先行する時代が受け取ったものが、神話や迷信と渾然一体となったもの、先駆者や神といった見かけ倒しの権威によって支えられたものとみなした。今日の人類学者たちの見解は、その環境に関する知識が基本的に健全なものでなければ、時間をかけて生存してきた社会が生き残ることができなかっただろうというものだ。

ある社会が所有している共通認識は、合理的知識の礎である。地質学は人類の居住、移住、放浪、定住の過程で明確に規定された山やジャングル、川、海岸に関する共有知識から始まっている。生物学、植物学、薬理学、天文学は、まず特定し、他の動物、植物、鉱物、天体を位置づけるという知識の共有を前提としている。人類学者のクロード・レヴィ＝ストロースがそれを用いて性別に基づく親族関係の基礎的複合関係を明らかにした算術計算が前提にしているのは、婚姻関係と相続であり、これらが社会を形成し、諸個人は数学的にその関係の形式を予測することなく結びつくのだ。算術計算はひとりの人類学者に作用し、性別に基づく親族関係の基礎的複合関係に至らしめたのである。観察のために適切な技能を有し、そのボキャブラリーに通じ、この実験領域において標準的な推論のトレーニングを積んだものであればだれに対してでも、反復可能で、検証可能であることを要求される科学的客観性は、共通知識の共同性の極致のように思える。科学技術の運用はいまだ、常に個人の身体操作と身体技能の共通知識を必要とし、人をベッドから起こし、家から出させ、実験室や工場に向かわせるのだ。とはいえ、科学者にとっての共通認識は、研究室や実験装置、本のなかにあるのだが。

理論科学や技術的科学において実証された観察や一般論が実験室の研究員やエンジニアに使用され、学校での教科書やマスコミのニュースや特集記事によって広まるにしたがって、ある社会が共通知識として受け取る実質はより大きなものとなる。それらは、特定の町や土地にただ暮らしている人びとと同様に、職人や熟練工、社会制度上有能とされる人びと、先駆者や宗教的リーダーによって事実とみなされるものに加えられるのである。時の経過とともに、ある種の意見が主流となり、ほかのものは目立たなくなったり、その前提になったりする。相反する意見は、穏やかな表現で言い換えられたり、衝突を避けるために言い換えられたりするかもしれない。

しかしながら、専門分野における言説《ディスコース》が、代表的である話者の言説《ディスコース》において具体化されるのはごく一部にしか過ぎない。人類学者はある文化の神話や宗教的ドグマすべてをいかなるインフォーマントのうちにさえ発見することはないだろうし、その文化の宗教家たちのうちにさえ発見できないだろう。一般的な事実を頼りにしている人びとは、より良い情報によって修正されるよう開かれているのである。

そもそもの洞察力を生みだすのは、観察報告、そして本質と事象との規則的な関係の定式化である。こうした過程が「周知の事実」の一部としてくり返されると、その反復は当初の洞察を活性化したり、思い起こすことさえしなくなるのだ。今やその機能は実用的なものでしかない。それが描くのは観察された状況の描写ではなく、既存の規則としての描写なのである。それは新たな観察分野を選定し、本来的、経済的、あるいは社会的行動における法則の新たな分類と公式化を行うのである。こうした洞察が、実用的活動の計画、遂行を組織し、指図するのだ。そして、それは理論的前提としてではなく、集団の責務として機能するのである。

洞察力が働くのは、同情や嫌悪感、同盟や嫉妬によって結びついた集団、資源や労働資源の搾取や市場を通じてのひたむきな富裕化への専心、集団防衛、植民地主義的、帝国主義的、企業的拡大へ専心する集団においてなのだ。そうした洞察力は、人びとの活動を操り、家族、一族、ほかの文化や極貧の民族への愛着と結託へ、歴史的業績と風景、生態系への愛着と結託へと向かわせる。それが人びとを集わせ、「社会」内で分裂を生み、ミリュウ、一味、危険な冒険や愚行の一団を生みだすのだ。

19　言うべきとき

科学と科学技術の確立された合理的言説は、観察によって経験則を根拠づけ、そして経験則によって理論を根拠づけることによって、観察対象である自然、手段、社会、歴史の領域を組織するだけでなく、個人の言説をも指図する。科学と科学技術の合理的言説を使用する話者とは、実在する諸個人のものでしかありえない洞察を定式化し、かれらの発言に応答することを引き受け、その言説が真実であるという証拠を提供する人物である。

ひとりひとりの人間は、目にしたもの、経験したことを言語という確立された概念によって、実証可能な形式で明確に話すよう要請される。諸個人が目にし、経験することから、それを目にし、経験した当の個人にとって存在する個人的な煌めきや色調は失われ、その人物がそれらに遭遇した際に存在していた驚きや意味は失われてしまうのだ。その結果、人は、その発言が合理的な共同体《コミュニティ》の論理、理論、認識方法と関係している人物のように話をするのである。彼、または彼女は、他者と同等の資格で、取り換え可能な代表者のごとく、確立された真実について話すのだ。彼女は、獣医、電気技師、コンピュータープログラマー、看護師として話す。彼は、現代精神医学の観点から、みずからの不安発作を説明する。彼女は、みずからの痛みや苦痛を科学的医学の用語を使って命名する。ある個人の身体そのものは、眼科医、フェリーボートの船長、実験助手、英国民、香港人として目に映り、感じられる。軍服や戦闘服、グレーのフランネルのスーツ、テニスシャツやショーツ、大学教授のツイードスーツや農夫のジーンズなくして、その人物の身体を想像することが困難な人物が、わたしたちにはなんとたくさんいることか。

わたしたちが言語を学び、さまざまな学問分野のことばを習得して行く過程で、その分野に精通しているかどうかを確認するための定期試験がある。そのとき大学教授は学生にこう呼びかける。「で、あなたはどう考えますか?」、「エッセイを書いてください」。社会学、現代語学、哲学の教授は、その分野での専門知識、正統的権威の習得を示すために、定期的に会議の席で研究論文の提出を求められる。しかし、主任教授が求められるのは、論文の計画や見解をみずからの名前で提示することである。獣医は通常、獣医科学の現代潮流の代表者として話すが、時に依頼人からみずからの見解を述べることを要求されることもある。彼の見解が批判的な評価を受けた場合、おそらく別の獣医にさらなる意見を尋ねることになるだろう。その見解にしたがって、激痛に見舞われたり、障害が残ったり、死に至るようなことがあれば、彼は医療過誤の疑いで起訴されるかもしれない。みずからの名において語ることの権利と義務は、合理的な集団によって確定されるのである。集団というものはみな、周知のことは本質的に理にかなったことであり、それゆえ、個々人に対し、状況に対するみずからの洞察を、そしてそれを前にしての可能性を語らせ、その説明の責任を取らせるのである。交通システムと金融システムの流れは市民に機能不全を報告させ、改良に向けての洞察に貢献するように要求する。クラブや公共のビーチは、礼儀作法の変化する規則について洞察するように人びとに要求する。あるギャングの、サブカルチャーの、チームの、近隣住民の、ある職業の一員として認められるためには、個々人は話すことを命じられる。グループはひとりひとりの洞察を要求し、それが共通言語のボキャブラリーと文法によって語られることを要求するのだ。

わたしたちは、みずからの名において語る権利によって、存在する空間、設備や機会を備えた空間を手にする。みずからの名において語る義務が課せられるのは、排除の脅威や訓練、科学技術のチーム、社会といった実際の空間からの抹消の脅威の下においてだ。みずからの名において語ることを命じられることにおいて、わたしたちは束縛され、説明されるように命じられ、わたしたちの情熱の込もった空間がグループに併合される。ドゥルーズ&ガタリ曰く、みずからの名において語ることをわたしたちに命じる命令、指令、指示は、もはや評決、死刑宣告である(1)。耳障りなことば、辛辣なことば、人を傷つけることばがわたしたちに命じる。死はただ時間においての限界、終わりなのではなく、空間においても限界なのだ。指令やパスワードはすべて、わたしたちが生きる空間を制限する。集団はことばでわたしたちを締め付け、傷つけ、侮辱し、うんざりさせ、屈辱を与えるのである。

20 自分自身に言うべきこと

わたしには自分の体の胸から下前方を視野に収め、伝えることができ、さらに鏡を使えば、自分の顔、背中、姿勢、動作を見ることができる。わたしは肉体の痛み、痒み、圧力、熱さや冷たさを記すことができる。わたしは自分が取った動作や自分を驚かせた出来事、身に降りかかってきた気分や感じた喜びを思いだし、伝えることができる。こうした観察や記憶は断片的で、儚く、表面的で、誤りを含み、修正されたものであることがある。複雑な科学技術を用いてわたしが観察できるもの（消化作用や筋肉システムの衰弱）や、わたしには観察不可能なもの（諸感覚の統合や情報の処理）もたくさん存在している。

目覚めているとは、存在の感覚、いまここに存在しているという感覚を内部に持つことだ。わたしが立ち上がったり、歩いたり、座ったり、ドアを開けたり、道具を使ったりすると、わたしは体の軸を意識し、みずからの姿勢の方向づけを意識することになる。読書をすれば、自分の両脚がテーブルの下にあるという感じがするし、ハシゴを登れば、手足を見なくともそれがどこにあるか分かるのだ。人混みのなかを通り抜けたり、洞窟の狭い曲がり角をすり抜けるとき、わたしはみずからの身体が満たしているボリュームを感じる。この意識は、観察がもたらすものではない。それはわたしの身体の姿勢や動作とは対照的に、体内で、姿勢を取ることや体を動かすことによって生みだされるものだ。完全にリラックスして、両腕と両脚を重力のなすがままにすると、手足の伸展や位置感覚は失われる。さらに、わたしは外界にある時計を見なくても、今どのくらいの時刻かが分かる。わたしには、今が朝一連のルーティン、目覚め、トイレに行き、髭を剃り、服を着、朝食の準備をすることのどの辺りなのかがわかるのだ。ハイキング中は、まだ少ししか歩いていないのか、すでに長時間歩いたのかが分かるものだ。

わたしの感情、願望、信念や決断には、それ固有の意識が備わっている。具体的には、ピアノをぞんざいに弾いたり、注意深く弾いたり、故意に人をイライラさせるように弾いたりすれば、ピアノの演奏はそれぞれ異なったものになる。わたしは解こうとしている数学の問題や、機械の故障に全神経を集中させると、すぐに気分が悪くなりイライラしてしまう。不快な状態に陥り、憤りや焦りを感じると、わたしは厄介な状況を思い浮かべてしまうのだ。つまり上司から無視されたり、中傷されたり、あるいは、かつての恋人が五時にやって来ると電話してきたりするようなことだ。尊大な上司の姿やかつての恋人が到着するさまがわたしの眼前にありありと浮かび、わたしの彼や彼女に対する感情は不安と期待でないまぜになり、不快な状態やいら立った状態になる。尊大な上司やわたしの彼に対する反感を意識することによって、その上司の見下したような面がより際立たち、わたしの反感に注意が向けられそれが強められるのかもしれない。あるいは、彼から目をそらせ、わたしの感情を和らげようとするのかもしれない。わたしが自分の感情にかたちを与えれば、そのことがまたわたしの感情に新たな展開をもたらすことになるだろう。すなわち感謝の念が、恩人に対する恨みや敵意とないまぜになっているとか、ある種の恥ずべき神経依存症と深く関係しているとわたしが考える場合、そう考えることでわたしの恩人に対する振る舞い方は影響を受けることになる。意識とは離れて感情を観察したものではなく、感情に内在し、感情を承認するものなのだ。

同様に、わたしの信念や決断の意識は、それじたいに内在する性質のものである。みずから感じたり、本で読んで知った多くのことを真実として受け取るわたしの信念の多くは、実際、ほとんどが、暗黙のものであったり、無意識のものなのである。わたしの信念には無数の推論パターン、概念的関与、振る舞いの傾向が埋めこまれている。信念や決断が明らかに意識的なとき、それはもはやわたしに生じる意識状態であったり、わたしにおいて潜在的なものではない。信念はわたしの所有するものとなるのだ。意識的な欲望とは、わたしが承認する欲望である(1)。つまり、わたしがそれに対して責任を取る欲望である。それは実現可能なのか、あるいは不可能なのかを提示することができる理由を、そして、道徳的にと同様に、実際的に理にかなったものなのかどうかを判断する理由を慎重に検討することができるものである。みずからの願望や決断をめぐっての追求可能性を慎重に検討することが、それが理にかなっているとわたしに主張させるのだ。

みずからの姿勢や動作に対する明確な意識やみずからの感情、願望、信念、決断に対する明確な意識は、それらの連続性を妨害し、それらの進行を妨げることもある。自分の指を注視するとタイプができなくなる。自分の姿勢や動きに集中するとダンスの動的メロディーの邪魔になり、次々と展開するみずからの思考過程に集中すると問題の解決や思考の創造的活用が台無しになってしまう。そういったものを検討したり、見直す要因がなければ、明確な意識は薄れ、ただその環境における責務で占められただけの姿勢や動作に内在する意識、非中心的な事物や出来事に集中した感情や欲望に内在する意識だけが残ることになる。重要で緊急の課題は、わたしたちの注意を集中させることができる。興味をそそる問題や音楽作品はわたしたちを虜にすることができるし、広大で晴れわたった景色や色鮮やかな空は意識を集中をさせ、その結果、自意識は消滅してしまうのだ。

＊＊＊

「この講義にはうんざりだな」、「良い印象を与えなきゃな」、「腹減った」、「この交通渋滞は癪に障るぜ」、「まいるぜまったく」、「このゴミ見たいなテレビ見ちゃいられないね」。わたしたちの姿勢や動作、わたしたちの感情や願望、信念や決断に固有のものである自意識の本質は、日常言語や意識と自意識をめぐる哲学的議論においてもまず記述されることがない。明確に「自分自身」にかかわる、いわゆる自意識の最大の関心事は、とりわけ、みずからの不快感、欠乏感、欠如感、疲労感であり、倦怠感、みずからの意図、欲求、意志である。意識的にそれらへ没頭することで、それらを承認し、かたちにするのである。意識的な没頭は、そうした感覚とその環境における相関物を浮き彫りにする。意識的に没頭することで、有声、あるいは無声の言語によってそれらを特定し、その緊急性を明確化するのだ。

それこそは、われわれ自身の「きわめて表層的で最悪の部分」である。ニーチェ曰く、それが語られるのは自意識の言語においてなのである。(2) わたしたちの欲求や欲望に関する内なる解釈は自己を欲求や欲望の塊として否定的に説明するのだ。しかし、欲求や欲望は断続的で表面的なものでしかない。わたしたち自身の核にあるものは肯定的なものであり、欠如を埋め合わせ、それじたいを維持させるために必要とされるもの以上にエネルギーを生みだす有機体なのである。わたしたち自身の核にあるものは、それじたいのうちに過剰なエネルギーを生みだすがゆえに、なんらかの活動や冒険、遊戯においてそれを放出せねばならず、またそうであるがゆえに、特定の欲求や欲望を増大させるのだ。

課題に対して最大限精力的に取り組むこと、複雑に展開するスペクタクルや音楽に対する精力的な没頭や、暖かさや光に、砂漠の光景や深海に浸された感じを描写することばをわたしたちがほとんど持っていないということは印象的であり、非常に奇妙でもある。人が幼児であるとき、叫びや笑いを伴った、みずからの溢れんばかりの動物的エネルギーや漲る活力を表すことばを必要としない。習得すべきことばは、自分自身の要求や空腹感、不快感を表すことばなのである。わたしたちは社会的言語の一般的なことばでそういった感情を表現することを学び、その結果として他者がその感情を理解し、わたしたちの要求や欠乏に耳を傾けることができるのである。自意識はみずからの生それじたいを、他者を必要とし、他者に依存するものとして語ることになる。ありきたりなことばで自分自身を表現することは、衰弱し屈服することを意味する。

わたしたちがこの言語に従事する場合、みずからのことばを真なるものとすることが目的になる。自己を要求と欲求の塊りとして表現することは、自己をありふれた、他者に依存した、寄生的な存在にするのである。わたしたちはみずからを育み、つくり変え、保護する商品を手に入れ、空間と時間を満たそうと一生懸命なのだ。束の間の、儚い、断片的で、謎めいた、無意味なものはわたしたちを不安にするのだ。

他者は理解を示し、わたしたちが必要としているものや、わたしたちに不足しているのものについて耳を傾けようとする。わたしたちの要求や欠乏が、かれらには訴え、依存の表現、援助の求め、服従の要請として理解される。「くたびれてるの？　疲れてるのね。ならベッドに行きなさい」。邪魔されずにテレビ映画を見るために母親はそう言うのだ。わたしたちは要求や欠乏をとおして、他者の意志、――力をおよぼす他者の意志、支配する意志、に訴えかける。「お前は家から出たいのだろ。オートバイが欲しいだって？　じゃあ、仕事を探しておいで」。

わたしたちは、みずからの欲求、欠乏、食欲、意志、決断を自意識において慎重に検討するのだが、その自意識は危険であり、罪深くもある。自意識は決して定まることのない検討に意味や理由を要求するのである。

わたしは中年で、この家に住み、この街で、この仕事にありついている。——でも、どうしてこうも落ち着かないのだろう。結婚して、子どももいるけど、毎日オフィスで会う別の男性に夢中になっている。大学を卒業して一年間バックパッカーとしてアフリカをくまなく回ったり、さまざまな土地でかろうじて生存しているとてもたくさんの人びとを見た。両親に言ったことを覚えている。わたしは世界を発見する必要が、自分自身を発見する必要があった。わたしの置かれた状況、わたしの人生、生、そして死にはどんな意味があるのか、と。

この人は本当にわたしを愛してるのだろうか？　こうした疑問が湧いてくると、彼の動作のすべて、彼の使うフレーズのすべて、セックスの最中のため息やあえぎひとつひとつ、イクのが早いか、遅いか、オシャレしてるか、してないかなどが解釈すべき記号となる。どうしてわたしは浮気しているのだろう？　その問いに答えようとすれば、わたしが答えることばが、それとは対立することば、意図というあるコンテクストにおいて決定された意味を呼び起こすのが分かる。もし、それらのことばのひとつひとつの意味を問い質すなら、わたしはただ言語使用《ディスコース》の別のレベルに自分がいることを見出すだけである。そこでもまた、ことばは相互に対立によって結びついているのだ。要するに不貞とは何を意味するのだろう。義務の意味は、子どもたちに対する義務、自分自身に対する義務？　わたしは結婚が意味するところの円周と愛が意味するところの円周はぴったりと一致せずに交差することを知る。

通りの雑踏のなかで、ビーチで、わたしたちに向けられたまなざしが、わたしたちの外観の象りに、わたしたちの頭髪の光輪に、わたしたちの足取りの弾みに、胸と腿の官能的な曲線に向けられる。かれらの発する問いかけ、「調子はどうだい？」、「いつ着いたの？」、「おい、この人混みはどうだい！」が導きだすのは、意味のない返答、たんなる連帯感の確認、共有された喜びのささやきである。わたしたちのまなざしは馴染みのあるひとりの友人の顔に出会うと暖かさを帯び、あらためてその緑の瞳、とび色の髪の束の魅力に気づくのだ。わたしたちは再び気さくな会話や噂話といったビーチでの気晴らしを開始し、自分たちのオートバイの機械部品に関する問題について議論し、レースや株式市場で賭け事に興じるのだ。

そして、事物の流れ《フロー》と事物の山と決別した人物がわたしたちの方を振り返り、尋ねる。わたしたちの新しい状況は何を意味するだろうか、わたしたちの行動は何を意味することになるのか、と。彼の顔は、日焼けした顔貌、ずんぐりした鼻、はげかかった頭という実体を覆い隠すスクリーンであり、その上に問いと要求の暗い空洞を映しだすスクリーンなのだ(3)。彼の目はわたしたちの凝視に晒された着色された球体などではない。それは、わたしたちを選びだし、捕らえ、呼びかけるのである。わたしたちの父親がビデオゲームのスィッチを切り、わたしたちの前で席に着いている。わたしたちの妻がこちらの目を覗きこみ、問題は何かと問いかける。

わたしたちは、彼女がわたしたちの反応に満足しているのか、不満なのか、彼女の瞳が容認しているのか、非難しているのかを確かめるためにその瞳を覗きこむ。満足や不満は色やかたちのように瞳の上に浮かぶものではない。それは彼女の主観性という内面の働きの痕跡なのだ。わたしたちがそこに見出す同意というものすべては、暫定的なものにすぎない、なぜなら、わたしたちの反応はそれじたいでは意味を決定することができず、釈明や説明、理由を必要とし、逆に釈明というものはすべて説明を必要とするものだからである。わたしたちに注がれたまなざしは、いわばブラックホールなのである。

ビーチに到着して、「今までどうしてた?」と挨拶されると、どんなに年月が経過していようとも通じることができ、気さくに話をすることができるものだ。一晩中外出していた娘に面と向かって発せられる母親の「今まで何をしてたの?」は、会話《ディスコース》を一本のラインに固定する。その返答はその夜の複雑で疑わしい成り行きを、その問いが要求することばで順を追って理路整然と説明しなくてはならない。「だって、あの人を愛してるわ」。「あの男の機知や機転の良さにご執心というわけ」。「あの男のすることなすことに感謝してるってわけかい」。「あの男にただ夢中になってるだけじゃないの?」。「違うの?」。

教師はわたしたちの振るわない成績について親たちに伝えた。親たちはわたしたちの大学での友人がみな同性のようなのはどうしたことかと訝しがった。妻は日増しに増えていく体重に関して、わたしたちに手の施しようがないのには理由があるのだとそれとなく言う。テレビに向かえば、投票率の低さをめぐり議論する評論家たちや議員たち、幼児虐待の理由について説明する精神分析医たち、幼児虐待のスキャンダルという最近の動向の原因について論じる社会学者たち、わたしたちがみずからの人生に、地上の人間の営みに真の意味を見出し得ないことを何ら意に介さないようであることを問いただす牧師の顔が映しだされる。毎週毎週、ニュース雑誌が現役高校生たちが学校の友人たちを銃撃した理由を、ベビーブーム世代が家庭を持つことの意味を、そして、人びとが次から次へと携帯電話を買い換える理由を分析する。こうした特集記事は署名入りで、目次ページの端には執筆者の顔写真が掲げられている。

わたしたちは自意識の与り知らないところで、他者に対する応答、承認、弁解や言い訳を用意しているものだ。常に自意識が明確な状態の生活とは、お互いが告発しあい、告発が常態化した生活である。

ことばのすべてを終わりのない説明に費やすように強いられることによって、わたしたちの口だけではなく、身体もまた苦しめられることになる。ことばはわたしたちの身体を活気づけ、駆り立て、せっつき、つつき、悩ませ、興奮させ、煽り、なだめ、うっとりさせ、麻痺させるのだ。

21

想像すべきこと

実証主義者たちの論争において、さらにはもっと最近の言説において、「神話」ということばが、ある集団の幻想を意味してきたのに対し、人類学における「神話」は、儀式から派生し、儀式を生みだしもするある共同体に共通の言説を意味している。そのカテゴリーは、原型的なイメージやシンボルとしてあらわれる。その語りのプロットが描写するのは、その関係性、対立、結合、そして、解消である。神話は、ひとりひとりの人間の行為や無為に、ある共同体の事業や共同プロジェクトに、そして、ほかの人類共同体や自然界におけるほかの生物種のなかに存在しているある人類共同体の生き方に対して、何らかの意味を与えるものであると考えられている。

ふたつの社会とふたつの神話が接触するという事態が起こる――アラブの侵略者であるイスラム教とペルシア人のゾロアスター教、司祭たちや伝道者たちの白人の神話とミシシッピ、ブラジルやハイチで奴隷となった人びとの古のアフリカ起源の神話などだ。ふたつの政治システム、ふたつの経済圏、そしてふたつの神話もが人びとの活動や理解においても別々の方向に引っ張り合う。その結果もたらされるのは、心的混乱だけではなく、矛盾というこの領野における身体的機能不全である。

ふたつの文化とふたつの神話の体系が部分的に重複する狭間の領域で能力を発揮するのが、周縁的リーダー、つまり、呪医、祈祷師、ブードゥー教の呪術師、カーゴカルトのメシアたちである。かれらは、エジプトにおけるユダヤ人の追放と奴隷化と同じように、奴隷化と、アフリカからブラジル、ハイチ、そして、ミシシッピへの追放とを説明する。かれらは、カトリシズムの祭壇に供えられた勝ち誇った白い肌をした聖人たち、聖ヤコブや聖ゲオルギオスと戦闘や知を司るアフリカの神、オグンやオショシを同一視するのである。かれらの役割は、さまざまに分岐した神話の普遍的なカテゴリーのあいだに一貫性を打ち建てることだけではなく、神話の普遍的カテゴリーとひとりひとりの人間の具体的な経験のあいだに一貫性を打ち建てることでもあるのだ。かれらは、ひとりひとりの人間にみずからの屈折異常の生活を理解させなければならないのだ。

かれらは、法学がそうであるように、断片的に作業をする。治療家や呪術師が施すのは器用仕事《ブリコラージュ》によってであり、部分的にはキリスト教の神話を、部分的にはアステカやヨルバの神話を用いるなどしてシステムをやりくりし、当の人物のうちに生じていることを理解させるのである。かれらにはギャップを埋める必要があるのだ。かれらはでっち上げ、インスピレーションにしたがって作業を行う。かれらは儀式や礼典を間に合わせで行う。そして実際にシャーマンがそうすれば、多くの場合、その人物が息を吹き返すのだ。治療家は本当に治療してしまうのだ[1]。

シャーマンや治療家が通常、みずからの人生において深刻な危機を経験しやすいことに、フィールドワークを行う人類学者たちは気づいた。かれらは、深い鬱状態に苛まれ、奇妙な病の犠牲となり、肉体的、精神的衰弱に悩まされたことのある者たちであった。そのかれらが、神話をある個人に適合させることによって、病状を説明し、治療法を示し、機能不全の人間たちを助けるのである。実際のところ、シャーマンや治療家は、フロイトが集団神経症と呼んだ宗教をでっち上げる神経症患者や精神病患者なのだろうか？　それとも、神経症患者や精神病患者はみずからのうちにシャーマンや呪術医、ブードゥー教の呪術師が潜んでいるとでも、あるいは、ただみずからを乗っ取られたシャーマンや呪術医、ブードゥー教の呪術師とでも言うべきなのだろうか？　クロード・レヴィ＝ストロースやジャック・ラカンは、神経症患者や精神病患者の幻想の体系を個人的な神話と考えた。

しかし、わたしたちひとりひとりがそうした個人的な神話をつくり上げてはいないだろうか？　物理的力学や電磁気学の共通言語や生理学、神経学、わたしたちの文化の意味の体系である実践的理性の共通言語は、わたしたちが置かれた状況下で、みずからの身体をどう扱うべきか、あるいは扱わないべきかを理解させるために、環境や身体に対して適用される必要がある。それを実行しようとする過程で、象徴体系はその内部に欠陥があるか、そうでなければ象徴体系は必ずしもわたしたちの環境にうまく適合しないということに気づくかもしれない。加えて、意味の体系であるカテゴリーは一般的である一方で、わたしたち個人は個別の状況にある。わたしたちひとりひとりが意味のあることばによって埋めるべきギャップが存在しているのである。そのギャップを覆うためにわたしたちひとりひとりが捻りだす象徴は、それぞれ個別的なものであるだろう。象徴は、わたしたちひとりひとりにとって独自である幻想空間に存在し、それはただイメージの流動的なまとまりからのみならず、個人的な解釈の体系からも構成されているのだ。

イマヌエル・カントにとって、合理的な共同体とは個々人が他者に敬意を払う共同体こそを意味していた。わたしたちに他者に対し敬意を払うように要求するものとは、他者は合理的主体《エージェント》として即時的に存在しているという明白な事実である。合理的主体《エージェント》は、ただ外的な誘因や内的無意識や本能によってぐらついたりするものではない。彼、または彼女は幻想によって欺かれもしない。わたしたちが他者に敬意を払うのは、みずからの理解していることにしたがって、みずからの生を営むことができるという、その合理的な能力に対してなのである。(2) しかし、この敬意の対象は、個別性における個々人ではなく、すべての人に等しくみずからのうちにあるその能力のほうなのだ。その個別性とはひとりひとりが打ち立てる「個人的な神話」のうちにあるのではないだろうか?(3)

文化の意味体系に不足しているものは、とりわけ、わたしたちに喜びを与えると認識しているものや、わたしたちの欲望を引きだし刺激するもの、わたしたちに満足感や充足感を与えるものに関してである。わたしたちがみずからの幻想、みずからの私的な神話をつくり上げるのは、身体的欲求と性欲に関してである。幻想は本質的にわたしたちの身体の官能的な衝動に結びついている。スラヴォイ・ジジェクによれば、幻想とは、わたしたちひとりひとりがおのが世界を夢見、おのが楽しみを組織する独自の方法なのである。(4)

イマヌエル・カントは、人間はいかなる幸福の概念をも抱くことはできない、と主張している。人間は抽象的には幸福の概念を抱くことはできるが、いかなる思想家も定式化することができなかった。わたしたちはみな幸福を追求するが、その幸福の意味を本当に知っているものや、述べることができるものはひとりとしていないのだ。(5) ラカンが享楽《ジュイサンス》と呼んだ、苦痛における快楽の過剰で途方もない激発は、本質的に欲望の具体的対象を欠いた目的である。それはまた概念化することは不可能であり、わたしたちが理解し表現することが不可能なものなのだ。

欲望とは満足することの欲望である。欲望が存在しうるのは、それが満たされ、満たされうると信じられている限りにおいてである。幻想空間において欲望それじたいが何を欲しているかを知っており、欲望の欲している対象を手にすることができるという錯覚のうちに、欲望は存在しているのである。それゆえに、わたしたちの根本的な幻想とは、わたしたちひとりひとりが衝動の具体的対象を手にすることが不可能であることを隠蔽していることなのである。神に逆らえずふしだらな女性となったダニエル・パウル・シュレーバーの根本的な幻想は、みずからの至福と享楽を投影したものであり、その不可能性を覆い隠すものである。

しかしながら、ジジェクによれば、幻想空間の幻影的で脆く儚い性質こそが個人の尊厳を与えるものなのである。(6)それは、ただみずからの要求や欲望を満たすことで個人を満足させたり、充足することで個人を満足させたりするものではないのだ。

カントにとって、尊厳は目的なのであって、何かのための手段ではない。ジジェクにとっては、尊厳は、個人におけるあらゆる状態を目的ではなく、ほかの目的のための手段とする幻想空間にこそ存在している。尊厳とは生を単に欲求を満たすもの以上の存在にするものなのだ。したがって、カントと同様に、この尊厳はただ否定的に定義されるものなのである。

しかし、他人の幻想空間はわたしたちに敬意を要求する。敬意とは他人に対して敬意を払うよう気遣い、思いやることである。他人に敬意を払うとは、他者の他者性を侵害することを回避することである。ジジェクが、「われわれがけっして共有しないとほぼ断言できるようなその人物の一部分である」と呼ぶ(7)、この他者性は、抽象的でバラバラなアイデンティティではなく、その人物の喜びや、つまり欲望、振る舞いを組織するものなのである。わたしたちに敬意を要求するものは、その幻想の幻影的で脆く儚い性質なのである。

ジジェクはこの概念を精神分析の実践に対する極めてラディカルな批判へと向けたのであった。

だが、分析主体の根本的幻想の基盤を揺さぶる、すなわち、主体がその(象徴的)現実の最後の支えとしての根本的幻想に対して一種の距離を獲得できるような「主観的欠乏」をもたらす——これこそが精神分析の過程の目標ではなかったか。したがって、精神分析の過程そのものは、恥をかかせるための、つまり主体が立っている土台を奪い去り、主体の享楽がそのまわりに結晶化している「神的な細部」なるものがまったくの無にすぎないことを無理やり主体に経験させるための、洗練された、したがってその分余計に残酷な方法ではないのだろうか(8)。

精神分析学は、神に抗しきれずにお尻を持つ女性になったというシュレーバーの確信を、現実にはまったく根拠のないたんなる妄想として暴露することに取り組んでいる。精神分析学は、実際のところ彼が、神に祝福された子どもではなく、事実、ありふれた両親の子どもであり、貧しく見捨てられた孤児でもないという事実、戦闘神経症の兵士であり、鳥ではないという事実にこの主題を向き合わせることに取り組んでいる。精神分析学は、それじたい尊厳を欠いたものであり、もっとも遠大で深甚、そして残酷な屈辱である。

わたしたちが自分とは異なる人物の幻想空間を尊重するためには、わたしたちが世界において見出す意味が派生するのは、物理的力学、電磁気学、生理学、心理学や実践的理性からだけではなく、わたしたち自身の幻想からも派生するということ、つまり、わたしたちがみずからの身体や、みずからが置かれた苦境において見出す意味が個人的な神話であるということを認識しておかねばならない。他者の幻想空間を尊重するとは、この神話がわたしたちの欲望は手にすることのできないものであるという事実を隠蔽するように作用するということを認識することである。ジジェク曰く、わたしたちの根本的幻想からある距離を取ることによって、みずからの意味世界を構築するやり方の不確実性と、そこに他者を実際に組み入れることの無力感をわたしたちは承認するのだ(9)。

そして逆説的に精神分析家が、そして、わたしたちのひとりひとりが他者に敬意を払おうとすれば、わたしたち自身の根本的な幻想の土台に揺さぶりをかけ、わたしたちのあらゆる喜びがその周囲に結晶化される、そうした「神々しい細部」の全き無をみずからに経験させずにはおかないのである。そうであるとすれば、他者を尊重するという手段は、わたしたちみずからに対する洗練された、残酷な屈辱の手段ではないだろうか?


ジジェクはのちに精神分析のこうした根本的批判を否定し、その代わりに、ラカンのフロイト解釈である、さらに厳格な説明を支持することになる。

わたしたちの身体には肯定的な力が存在している。限定的で周期的なものではあるが本能的な力が存在し、わたしたちの身体を統合し、機能させ、身体が産出する過剰なエネルギーを放出することができるようにしている。さらにわたしたちの身体には、痛みのうちに覚える快楽の過剰で途方もない発作への執拗な欲動も備わっている。この欲動は、身体のある器官を捉え、その器官を同一の失敗したジェスチャーを際限なくくり返すことを強いる。この欲動は、有機体をバラバラにし、分解する。それは有機体の死に向かう欲動、死の欲動であるが、その欲動じたいは死や時間には関知しない。それはある反復脅迫なのである。その欲動は、身体部位の自然な統合によってではなく、禁止や法によって外部から停止されるのである。

禁止、すなわちこの法は、言語や共同体の象徴のうちに埋めこまれている。非科学的な文化の説明体系は、わたしたちの物理的力学や電磁気学の言語や生理学、神経学、心理学や実践的理性の言語と同様に、ことばを確定し、その一語一語が、文脈にしたがってさらなることばを中継するものとなり、無限にわたしたちを前進させる道を開く。環境を描出する象徴体系によって、わたしたちは行為すること、すなわち、動員され、統合された、集中的な、方向づけられた行為、そして、他者との共同の行為が可能になる。わたしたちのエネルギーをそれぞれの行為に向かわせることは、一時的な快楽を断念すること、痛みのうちに覚える快楽の過剰で途方もない発作への欲動を断念することである。それは、象徴体系において明示された限定的な目的を追求することであり、個々の目的がさらなる目的を中継するものとなるのである。

幻想は最初の禁止、最初の去勢のドラマを再現する。それは欲動の喪失対象を、ある人物によってわたしたちから奪い去られ、他者のうちに見出されるべきなにかとして描きだす。この他者とは、象徴体系のことなのだが、その禁止を発し、象徴化された対象、象徴的な目的の終わりなき追求へとわたしたちを向かわせる、彼または彼女でもあるのだ。

象徴体系は行為と欲望のために開かれており、思考と行為をあらゆる方向に解き放つのだが、そのふたつじたいは同じ方向に向かって解き放たれる。幻想は、単にわたしたちの欲望を幻覚という方法で現実化するだけではない。つまり行為と欲望を断念するのではない。そうではなく、幻想は欲望を調整する、つまり、わたしたちの欲望を構造化し、方向づけるのである。ジジェクによれば、幻想はわたしたちのうちに欲望、飽くことのない憂鬱な憧れを引き起こし、ある対象から別の対象へと果てしなく滑り落ちていくのである[10]。

幻想は個人を、他者の欲望に値するもの、欲動の喪失対象の位置に値するものと見せかけるために、象徴体系によって指定された商品を身につけ、着飾った存在として描写する。幻想は他者がわたしに望むものを可視化するのである。ジジェクによれば欲望のもともとの問いは、「自分が何を欲するか?」ではなく、「他者は私に何を欲するのか? 私に何を見るのか? 私は他者にとって何なのか?」である[11]。空想にふける主体とは根本的にヒステリー患者である。つまり止むことなくみずからの実在を疑い、他者が自分のうちに見出す対象に過不足なく同一化することを拒み、「本当に自分はそうした存在なのか?[12]」と思わずにはおれない存在なのだ。

動物にとっての性の最も基本的な形態、「ゼロ形態」は、交接である。それに対し、人間にとっての「ゼロ形態」は、幻想を伴う自慰である(この意味で、ラカンにとっては男根的ジュイサンスは自慰的で間が抜けている)。「現実」、つまり「血と肉の」他者との接触、別の人間に触れるときに感じる性的快楽はいずれも、明証的なものではなく、本来はトラウマの元であり、この他者が主体の幻想の枠組みの中に入ってくるかぎりにおいて維持されるものである。……最も強烈な身体接触の瞬間においてさえ、恋人たちは二人だけでいるのではなく、最小限、象徴による支えとしての幻想の語りを必要としている——つまり、「二人だけに」なって、「あれ」に浸ることなどできないのだ[13]。

だとするなら、ジジェクが「愛のメカニズム、愛のオートマティズム」と呼んだ、恋に落ちることはどうなるだろうか[14]。わたしたちにすべてを与え、わたしたちの存在を完全なものにしてくれるようなひとりの他者が存在するという幻想をわたしたちはまず抱く。その他者を魅了するために、わたしたちは幻想においてみずからを、恋人の全面的な献身にふさわしい存在として描写する。つまり、わたしたちはみずからを文化の象徴体系によって表現された商品を身に付け、着飾った存在として描写するのだ——わたしたちは放蕩者のひとりにみずからを同一化したり、ハリウッドのロマンスに登場する恋人のひとりにみずからを同一化したりするのだ。そして、唐突に、まったく無関係な、偶然の人物が[15]——本当にそれはだれでもいいのだ、その幻想の枠組みにピッタリと嵌めこまれることによって、理想的な男性や理想的な女性へと実体化されることになるのである。実際に人を愛するということは、その人物を自分にとって理想的な相手として尊重することが伴う——言い換えれば、自分自身が相手にとって理想的な人物であるという幻想を尊重することが伴うのである。

幻想が効力を持つためには、明確な象徴体系や文化の諸体系からある距離を保ち、そうした諸体系から逸脱するものとして幻想を考える必要がある。「すべてがイデオロギーではない。イデオロギーの仮面の下では、私もまたひとりの人間である」とは典型的なイデオロギーの形式、イデオロギーの「実際の効力」の典型的な形式である……イデオロギーが「機能する」のは、このようなイデオロギー横断的な核に依拠すればこそのことだということである。[16] 初期のジジェクは、幻想空間に個人の個別性を見出していたが、今や見かけの個別性とはたんなる仮面、他者が外部から痛みのうちに覚える快楽という過剰で途方もない失われた発作を与えてくれる、もしくは与えることができるという架空の、脆く儚い切望を覆い隠している仮面でしかないことが判明するのである。

ジジェクは幻想を、まったく個別的で、より包括的な、普遍的で象徴的な伝達手段の一部たりえないと表現しているのではない、それどころか、幻想は象徴体系からその形式と効力を獲得しているのである。わたしの想像力が幻想を創りだすことができないほど脆弱であり、幻想が外部から——今日では、それはメディアという幻想を創りだす組織から、わたしのなかに侵入するのを許しているというだけではない（心的空間で産出される幻想はメディアでつくられるドラマや娯楽情報番組の製作者や監督、マーケティング専門家の幻想であるとするなら、幻想はメディア組織によって創りだされるのではないと言うこともできるだろう）。むしろ、わたしの幻想は、他者によってわたしに押し付けられた要求に答えるものであるがゆえに、象徴体系からその形式と効力を手に入れているのである。ゆえにジジェクの考え方は、個々人の私的な神話やこうした私的な神話の特殊な理解の実践、つまり、それじたいが特定の象徴によって説明されるような理解の実践を尊重するようなものでは決してないのである。むしろ、ジジェクの考え方は大衆文化やマスメディアの幻想製造装置の研究の間口を広げるものなのだ。

『幻想の感染』でジジェクは、もはや個々人の幻想空間を尊重することを提案していない。その代わりに、彼が主張するのは、幻想を横断すること、その終わりなき衝動の反復のうちに欲動を解き放つことであり、その衝動はリビドーの途方もない力を資質の制限や有機体の要求を無視して際限なく再利用するのである。『厄介なる主体』の終わりのところでジジェクは次のように記す。「精神分析学の倫理が、全体主義的な「許可する！」［「許可する！」という悪しきスーパーエゴの一形式］と対置させているのは、何らかの基本的なかたちの「禁止する！」、すなわち無条件で遵守されるべき基本的な禁止や制限は、必要最小限の「禁止する！」、（隣人たちの自主性と尊厳を尊重せよ！　他人の私的な幻想空間を粗暴に侵害することなかれ！）ではない」。その代わりに、「ラカンが掲げた「汝、欲望に関して譲歩することなかれ！」というテーゼは、「自由であれ」という命令に潜んだ実践面でのパラドクスを完全に是認したうえで語りかけられている。そのことばは「さあ、勇気を出してそれを為せ！」とわれわれの背中を押しているのだから[17]」。

幻想によって、終わりなき開かれ、わたしたちの宇宙を不完全なものにする根源的な他性が維持されている。ジジェク曰く、幻想を横断することとは、根源的な存在論的閉鎖を受け入れることである。わたしたちは幻想によって拡張された終わりなき地平を失うことになるだろう。

Ⅷ　わたしの声

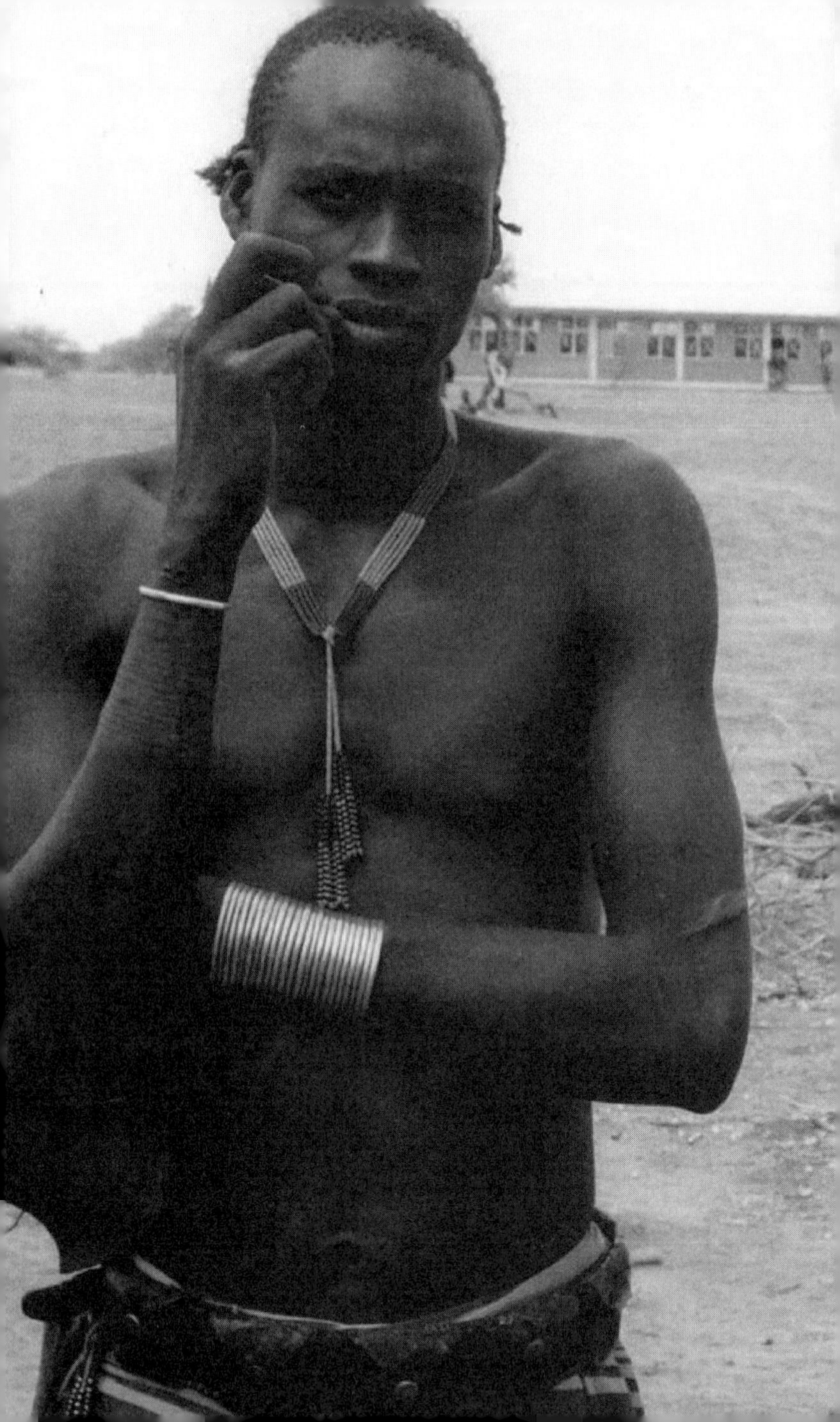

22 自分の声を見出すこと

神話は、ある共同体が周囲の環境を意味のあるパターンに体系化する特殊な方法にとどまらない。それはまた、現代の経済学、社会学、政治学、歴史学、生物学、物理学、天文学で用いられている象徴よりさらに具体的な象徴を用いて描いた、見取り図でもない。神話とは幻《ヴィジョン》、つまり幻視者や先見者の見る幻でもあるのだ。ヴィジョンとは単に、包括的な概念の枠組みではない。むしろそれは可視化することである。ダンテの幻、ウィリアム・ブレイク、ジェイムズ・ジョイスの幻、『ギルガメッシュ叙事詩』、『マハーバーラタ』、『イーリアス』、『ニーベルングの指輪』のそれが描くのは、世界の変貌した姿や輝くさま、あるいは火に焼かれた世界の赤々と燃える燃殻である。幻視者と先見者は、共同体の既存の経済や政治を、単に象徴によって説明するのでも、それを神聖化するのでもない。かれらが描くのは、もうひとつの世界なのだ。イザヤの幻も、ホメロス、ミルトン、ウィリアム・ブレイク、シモン・ボリバル、チェ・ゲバラ、マハトマ・ガンジー、ネルソン・マンデラのそれも、ただ単に現存する世界をわかりやすく説明するものではないのである。

神話は、統合を目指す多種多様な知的活動にまで影響を与えることはない。『ラーマーヤナ』ははじめ二千年以上もインドのヒンドゥー教の神話の中核であった。のちにそれは、ミャンマー、タイ、ラオス、カンボジアの小乗仏教徒の、さらにはヴェトナムの大乗仏教徒、インドネシアのイスラム教徒の中心的な神話となった。『ラーマーヤナ』は、「教典の宗教」のように読解や説教を通じてではなく、演劇の上演をとおして今に伝えられている。先に挙げた国々の伝統的な地域においては今日もなお『ラーマーヤナ』が上演され、そのパフォーマンスは吉日の日没から日の出までおこなわれる。人びとは、今日の芝居の観衆のように、物語のプロットが展開し、登場人物の意図が明らかになるのを見守るためにそこに足を向けるのではない。むしろ話の筋は、だれもが子どもの頃から知っているのである。人びとをあらためて惹きつけるのは、新たな解釈でも、演出でも、役者でもない。もっとも、演者たちは歯に衣着せない批評にさらされるのだが、そこで問われるのは、かれらが不変の理想をどれくらい体現しえたかである。人びとは夜を徹して、トランス状態ともいうべき憑依状態でパフォーマンスを見入り、その様子はニーチェのいう古代ギリシアの儀礼的悲劇のようである。

シャーマンや治癒家は、共同体の象徴体系の定める目的の追求へと向かわせるために、問題を抱えた者を去勢するのではない。むしろかれらは、問題を抱えた者が共同体から疎外されていることを聖別し、その声を共同体に聞かせるのだ。かりにもシャーマンが異端の指導者や詐病者だとしたら、またはシャーマンの幻《ヴィジョン》は即興で、その治療が黒魔術だとしたら、かれらはいかにして奇妙な考えにとりつかれた者や共同体の理屈と労働に対して肉体的に適合しない者たちを、共同体のなかに組み入れるよう、共同体から指名された仲介者たりえるのか。幻視者や先見者の幻が呼び起こすのは、通常の社会の生活が目覚めさせることのない諸力、その社会の象徴体系が引きだすことのない諸力なのである。

ジジェクはまず幻想を、わたしたちがみずからをそのなかに見出す文化の象徴体系の欠陥や矛盾を埋め合わせる、象徴のブリコラージュとして描いた。つまりジジェクは象徴を、ある体系の一部をなす静的なものととらえたのである。すると、個人の核心にある本質的活動は、意味をつくりだす活動ということになる。しかしながら、わたしたちの特性は、理解可能な関係のネットワークからなる、広がりつづける蜘蛛の巣をたえず紡ぐことではないのだ。

ジジェクは『幻想の感染』において、幻想は欲望に対してそれと対等のものを、つまり構造、経路、わたしたちの欲望を与えるとした[1]。より正確にいえば、「幻想空間」とはテンプレートであり、人生の飢餓や渇望を、それが必要とするものにしたがって尽きせぬ欲望に変える。わたしたちのうちにある「幻想空間」のイメージは、象徴としてあらわれる。つまり対象aの、欠如の、どうしようもない不在である欲望の対象の象徴としてあらわれる。そのような不在の対象を心に浮かべ、その象徴をつくりだすことは、常に有限で、常に基本的には十分に満たしうるわたしたちの願望や必要を、欲望に、つまり無限のものを求める欲望へと変えるだろう。何を求めているのか知らないこの充たされざる欲望、全体性と無限に憧れる欲望は、わたしたちのうちにあるヘーゲル的精神である。生命体であるわたしたちを定義する要求のリレーと考えられているこの精神は、ヘーゲルによれば否定性である。

ところが、生命体は混沌ではない。それはダイナモなのである。すこやかで、生気あふれるとき、わたしたちの生命組織は、飢えや渇きを満たす必要以上の過剰なエネルギーを生む。わたしたちは、行動のかなりの部分において――たとえば一晩ぐっすり眠って目覚めるとき、朝日のなかで踊るとき、週末に山歩きに出かけるとき――見返りを期待せず与えている。仮に幻想が「取り込み」から成るならば、わたしたちが取り込む対象は、わたしたちが欲求する完成と豊かさを象徴するのみならず、わたしたちのうちに確立された技術や心理的構造を打ちこわし、過剰なエネルギーを放出するのである。

フリードリヒ・ニーチェは価値の用語を新たに構想し、ものの特性をあらわすものや、ものとものとを比較し格付けするべく機能する語ではなく、内側からあふれる感情を確固たるものにし、強めるものと考えた。そうした語は、感嘆しているときこそその意を得るのだ。「なんて気分がよいのだろう！」、「わたしはなんと健やかなことだろう！」、「なんとリアルに感じられることか！」、「わたしはなんと美しいのだろう！」、「わたしはなんと健やかなのだろう！」。こう発言するのはわたしがそう感じたからであり、こうしたことばを口にすることで、その感覚はいっそう強められる。

自分が健康だと感じることは、医師の（あるいはわたしたち、プロではない医者の）見立てによって形づくられる、衰弱や病の不在を本質的に否定する考えではない。むしろそれはあり余るほどのエネルギーが燃えているのを感じることなのだ。「わたしはなんと幸せなのだろう」という感嘆は、内側にあふれる快感をとらえ、それを強め、外に向かって燃え上がらせる。

感情的な経験をしているとき、わたしたちは次のようなことばを発する。「わたしはダンサーだ！」、「わたしは登山家だ！」、「わたしは情熱的なくちづけでいとまごいをすることにしよう！」。こうしたことばは、わたしたちの内側にある晴れやかで魅惑的なヴィジョンを映しだす。わたしたちの幻《ヴィジョン》——幻視者や先見者の幻、わたしたちの若かりし頃の幻、わたしたちがみずからのうちに植え付けた誓いのことばによって生みだされた幻——は、わたしたちの文化の象徴体系を意味深いものにするであろう欠けている部分をでっちあげることではなく、むしろわたしたちの強い感情のほとばしりや感情にとらわれた状態を確かなものとし、聖別し、強化するよう機能しているのではなかろうか？　ダニエル・パウル・シュレーバーは、自分の太陽肛門に名前をつけ、まばゆいほどの誘惑を感じる自身の感覚を讃えた。ジョルジュ・バタイユが憑かれたように思い描いた第三の目の姿は、頭のてっぺんで見開き、直接太陽をまなざし、彼のもっとも大胆でもっとも並外れた衝動を強化する。こうした用語やヴィジョンは、その文脈からは意を得ない。これらはわたしたちの無償の諸力を強め、それらをめぐる新たな道筋と新たな文脈を燃え上がらせる、扇動的な点を形成する。

ジジェクの考えでは、本能的欲求によって駆り立てられた諸力は臓器を支配し、同一の不完全な身ぶりを強制的に反復させる。その諸力は苦しみのうちにあって、過剰なおそるべき喜びの発作——つまり享楽《ジュイサンス》を志向する。幻想によって駆り立てられた諸力は、享楽の諸力を禁じ、それを留置する他なるものを熱望するとジジェクは考える。そして、幻想とは、架空で、はかなく、役立たずだと考える。なぜなら、幻想は目的地もなく、衝動から迂回しているからである。わたしたちはむしろ、享楽は生命体のうちに生ずる何かではありえないという考えに意を唱えるべきではないか——それは享楽が、有限で時間に支配された生命体に内在する、死の欲動だからではない。それは享楽が、副産物であって目的ではないからだ。

わたしはダンサーだ！　わたしは冒険家だ！　わたしは革命家だ！　わたしたちのうちにあるこうしたヴィジョンは、生産的で献身的な諸力をわたしたちのなかに呼び覚まし、それを強め、聖別する。ヴィジョンによって駆り立てられた諸力が目指すのは、快楽でもなければ、苦しみのなかで感じる過剰な恐ろしい喜びでもない。むしろ、それらの諸力が目にするのは、仕事や芸術作品であり、革命や変革なのである。わたしたちはひそかに、自分たちにはだれかのために差しだすキスや配慮があることを知っている。世の恋人たちがいまだかつて差しだしたことのない、優しさや興奮があることを知っている。わたしたちは高揚のなかで、いまだかつてだれも踊ったことのないダンスを踊れるよう自身の身体を鍛え鼓舞するだけの、強靱さと精神を持ち合わせていることを確かに感じとる。心のなかで、自分たちには革命にともなうあらゆる危険、失敗、残忍さに耐える心情や度胸があることを感じている。個人のうちにあるヴィジョンがもたらす諸力が、痛みに耐えるために生まれてきた身体の、苦痛のなかにとらわれた身体の、理解しがたく不条理な運命を忍ぶための、プロメテウス的で陰険な強靭さを強化するのは当然のことだ。罠にかけられ、閉じこめられ、拘束されたとき、わたしたちは曲がることのない意志と、みずからの呪いのもつ恐るべき力を思い知ることとなる。

生命の強靭さは、光を放つ表面や開かれた地平を求めるばかりではない。闇の底に飛びこもうとする猛烈な衝動もまた存在する。大口をあけた深い淵を、割れ目や高波を、暗く垂れこめた雲を、下水口や悪臭を放つ沼を、苦しみあえぐ人びとや死に瀕する人びとたちのうめき声を避けられるなら、わたしたちはシッダールタ王子のごとく、自分たちは現実に触れておらず、事物の表面をかすめているように感じることだろう。わたしたちは子どもの亡骸に、倒れた英雄に、遠くにあるオグロヅルの繁殖地の木々が伐採され地雷が仕掛けられたことに、心を痛める。悲嘆することとは、失われたもの、したがって現実と失われたものの価値を、まなこを開いてとらえることである。嘆き悲しむためには強さが必要なのだ。

わたしの声が〔自分以外の人びとも使う〕共通言語のことばや文法をもって表現されるとき、それはいかにしてわたし自身の声となるのか。ハイデガーのおしゃべりの概念は、日常的な会話〔同じく哲学の伝統にも〕においてくり返され、ある話者からほかの話者へと引き継がれる、基本的な語彙が存在するという認識を含んでいる。フローベールの『紋切型辞典』(2)は、当時のブルジョワジーのあいだで流布していた、物言いや判断の存在を明らかにすることから始まる。特定の社会的慣習を正当化するために用いられ、言語を超えた方法によって強いられた、ある社会的階層に支配的な話法の存在をあきらかにする昨今の批判理論、マスメディアのレトリックと、科学的経済学、社会学、心理学が実証的発見によってみとめた、実際に起きている事柄とを対比させるカルチュラルスタディーズは、語法や象徴、イメージの存在を明らかにする作業であり、それらのものは、ことばによる言語、あるいは視覚的、音楽的言語の基礎をなす定数である。

自分自身のことばで話す者、みずからの置かれた独自の状況に関する考えを述べる者――ハイデガーのいう真の個人(3)――は、新たなことばをつくりだし、今までにない方法で〔既存の〕ことばを用い、個人的な指標をもって状況の全体的な方向性を説明し、文芸や修辞学のジャンルにおいて独自のスタイルをつくり、自分だけの文法をあみだしさえしたものだ。その例とは、詩人、そしてハイデガーその人が書いたことばだろう。批判理論は、スラングや路上で交わされるおしゃべり、黒人英語が、主流の言説の語彙や論法に具体的な気づきをもたらすものであると信じる。

とはいえ、わたしたちがみずからの声を発見するとき、そのことばはいかに素朴なことだろう。「わたしは男だ！」、「わたしは母親だ！」、「わたしはまだ若い！」。新しいことばを話し、独自の話法や修辞法を駆使する者でさえ、次のような〔ごく単純な〕発言に自分の声を聞きとったことを認める。「わたしは思想家だ！」、「わたしは詩人だ！」と。

しきりに言われることばと普遍性の対立や、個人言語は、言語のあり方をとらえそこねている。言語体系はいずれも限定的な表音体系とともに機能している。ところが、これらの音素は、ピッチ、アタック、長さ、音色、音量からなる果てしない多様性をともなって、話者のうちに生じる。構文の体系は、一連の固定された形式から成るのではない。語彙は複数形を生じさせ、接頭辞や接尾辞を集め、新たに発明され、他の語彙と接合される。断定、疑問、感嘆といった語形変化はさまざまな形を生みだす。意味の体系は、ほかの言語を吸収し、新しい語を発生させる。修辞法の様式は、不変の語彙や表現によって特徴づけられるのではなく、むしろそれが生じさせる多種多様な様相によって、ひとつの様式として存在が認められうるのである。ひとえに紋切型で構成された言説でさえ、紋切型に異なる秩序や順序をもたらし、そうした言説は、それらの紋切型に言及するときにとる、情熱的な粘り強さ、疑いのこもった調子、冷笑的な態度をもって、紋切型のもつ力、強度、堅実さを変化させる。人びとは共通言語を話すが、その共通言語はひとりひとりから生まれる声に存在するのだ。

わたしの発言を、他人がその声の調子や強さからそれがまぎれもないわたしのものだと認めるのは、かれらがわたしの経験の力やわたしのヴィジョンの強度を汲みとるときである。とはいえ、わたし自身の声を他人に秘めておくことは可能だ。インタビューや自伝、日記のなかでみずからの物語を語るダンサーであれ、政治的指導者であれ、医師であれ、衰弱や末期の病に苦しむ者であれ、そうした物語を自分だけに聞かせる者が何百万人と存在する。余命いくばくもない父親が心に秘めていた物語を、ついに聞くことのできなかった息子はいかに多いことか！

今日のグローバルメディアは、かれらが想像できないほどの多くの人びとに声を与えたのだと触れこんでいる。奇をてらった、あるいは粗暴なメッセージを、だれもがインターネット上に投稿し、自分の存在を主張できる。著名人は何百万人もの人びとをひきつける声やたちふるまいによってつくられる。とはいえ、そうした著名人のなかにも、自身の声を、声を聞かれない人びとに与えることで、みずからの声を見出す者もいる。かれらは難民キャンプにいる三千五百万人の人びとの苦悩や夢、飢饉によって抑圧された何百万の声、刑務所の壁の向こうに消された何百万の声、ことばを話しはじめる前に飢饉やエイズによって命を落とすこととなる何百万の幼子たちの声を代弁するとき、自分自身の声を発見するのである。かれらはそこに絶えずくり返されることばを聞く――「わたしは母親だ！」、「わたしは男だ！」、「わたしはまだ若い！」――それは唯一無二の、忘れがたき、ひとりひとりのことばである。

23 代弁する声

科学や技術をめぐって確立した言説はいずれも、これらの科学が研究し説明しようとする、天文学的、生物学的、あるいは微視的な領域の崇高さを情熱的な体験のなかで経験した個人を求める。農業に関する研究や、薬剤の製法の重要性、司法制度や、障害のある人や体の弱った人びとをケアするための制度の重要性がそうだ。発話し応答するとき、かれらは確立された言論のことばをもって語る。かれらはそうしたことばの代弁者となり、かれら自身の声を発見する。かれらは自分自身の肉体と人生をその応答に差しだす。そこにいること――例えば、ある建物のなかに、電器技師としていることは、故障した電気回路の修理に尽力することであり、その故障がどのようなものであれ、いつどこで生じたものであれ修理することであり、自分の身体を危険にさらすことでさえあることを意味する。眼科医、連絡船の船長、保健師は時に、乗客や患者を危険にさらすが、かれらはそれよりもっと大きな危険にみずからをさらしている。

ある集団の重要性、その居住地、仕事、ヴィジョン、愚行もまた、個々人のおしゃべりのなかに認められる。民族誌家のキャスリン・スチュワートは、彼女にとっての感情的な経験において、廃坑となった石炭の採掘地に住む、ウェストヴァージニア州の失業者たちの話を聴いた。彼女はひとりひとりの声に耳を傾け、そのリズム、抑揚、沈黙をとおして、かれらのことを伝えるべく書く(1)。

スチュワートが記録した人びとの会話は「ただのおしゃべり」である。それは合理的で、技術的な知識に関して展開される正統的な言説ではない。そうしたおしゃべりは、予測することのできない出来事や災難、原因にそぐわない結果をこと細かに語る。また、珍しい出来事を大げさに語り、忘れがたき架空の過去から、同様の出来事を呼び起こす。「ただのおしゃべり」なるものは、完成した思考の外にある空間を引っ掻き回すのであって、わたしたちの思考を単に例証したり、補うものではない。事物と事物のあいだの関係性は、常に部分的である。いつもなにか付け加えることができ、新たな質問の余地がある。連想はそれじたい予測不能な出来事となる。「ただのおしゃべり」は、予期せぬ出来事、災難、かれらとかれらについての物語が喚起する物言いのおかしさを大げさに表現するゆえに、「ただのおしゃべり」は娯楽なのだ。そして、笑いや涙を共有することをとおして、共同体はつくられ、獲得されるのである。

スチュワートが記録するのは、物語だけではなく、物語の楽譜《スコア》である。彼女は、人びとの声のリズム、反復、ピッチ、アクセントをページの上にできるかぎり再現している。語られた物語の比喩の数々や、それらの比喩が蘇らせる幻は、こうした声のもつ音楽性から生まれてくるのではなかろうか。それぞれの声の音色、響き、リズムは、何度もくり返し語られる物語の筋を、その度ごとに変化させていく。共同体を壊滅させた干ばつや飢饉のことを物語る人は、その語り口調によって、自分が飢えに苦しみ絶望した経験を、共同体とみずからのことばに対する献身に変えるのである。

24 失墜

わたしの物語は物語の全容ではない。なにか重要なものに出合ったとき、またそれをいかにすみやかに守り、育み、修繕し、存在させるべきかを示されたとき、そして自分こそがその場で必要とされる資質をそなえた者であると認識するとき、わたしは力を尽くして行動する。わたしが自分自身の声で話すのは常日頃のことではなく、他人が助けに来てくれたときや挑まれたときである。わたしは、育児をしているときに、闘いに臨むときに、積み重ねてきたものをすべて手放さざるをえなくなったときに、見知らぬ土地を旅しているときに、牢獄にいるときに、難民キャンプにいるときに、マラリヤ、結核、エイズで多くの人びとが命を落とすときに、たったひとりの自分を発見するのである。

わたしが命がけで育てた子は、すでに彼女の人生を歩み、わたしのもとを離れている。わたしが保全にたずさわった森林、飼育した鳥や魚、雑草や嵐から守った植物は、今や人力を超えたエネルギーをもって生い茂っている。わたしのつくった小道や道路、建物、わたしが書いた本は、今もそしてわたしが死んだあとも、わたしの存在なしに、動かぬものとしてありつづけ、わたしが生きていることからいっさいの影響を受けない。

『バガヴァッド・ギーター』は、結果に頓着せず行動することを命じる。これは、自分の受けもつ患者が多数亡くなってもめげない医師、神経を損傷して回復の見込みのない患者の治療にあたる精神科医、何カ月も何年も研究の成果がでないまま、研究職のポストについている研究者、航海で得たのはアクシデントによる怪我や病ばかりであった冒険家の倫理である。

わたしは自分を見失う――路上で起きた喧嘩に、消防士たちが息を合わせて任務を遂行するさまに、路上でくり広げられるカーニヴァルのサンバに、もてなしの心から生ずる人びとの優しげな物言いにわたしは吸いこまれる。他なる存在と親しく交わるなかで、それらの存在がわたしの内側に侵入してくる。不器用でぎくしゃくとしただれかの前で笑うとき、わたし自身の身体が、ばらばらな身体の働きに甘んじてそれに耽る。オルガスムのなかで、恋人の放埒な笑い声と、苦痛と快楽から生じる痙攣が、わたしの内部に侵入し、わたしという意識を圧倒する。会話のなかで生じた笑いや涙、饗宴、祭典、不正に対する人びとの怒りのなかで、わたしは生命の波間に消えていく――その波は、海の波間とほとんど隔たっていない。わたしは自分がまたがっている馬の突進やのんびりとした歩みの延長となるために、サンゴ礁の海のなかを魚の群れに囲まれてたゆたうために、みずからの身体を統率するような姿勢をとることをやめる。草地や森のなかで、地面から芽吹き、太陽のもとで広がる植物の動きが、わたしのなかに入りこんでくる。夜になると、闇がわたしのなかに入りこみ、わたしが物を前にしたときにとる姿勢を消し去り、始まりも終わりもない来たるべき存在のなかに、静寂の海のなかに、わたしを溶かしてゆく。

25　知ることと認めること

わたしたちが自分に立てる誓いのことばは、ほかのだれかのためのことばではない。それは他人の質問や要求に対する応答ではないのである。ところが、「わたしは男だ」、「わたしとしましては、……と考えます」の「わたし」は理解される。挨拶や懇願、祝福、攻撃、ののしり、信頼や勇気を通じて、あなたとの接触が生じる。

わたしたちはみずからの声で発言せざるをえなくなるときがある。避けなくてはならない危険が、疎むべき人びとが存在し、かれらの権力やシニシズムがわたしたちの人生に害をおよぼさないようにしなくてはならない。追いはらうべき人びと、打ち負かすべき人びとが存在する。難民キャンプにおもむく医師は、政府と、彼が持っている救援物資を奪おうとする追いはぎが築いたバリケードに立ち向かわねばならない。

自分自身のなかにことばを据える力、ことばで自分自身をつなぎとめる力によって、わたしたちは責任をもち、みずからの言動に応えることができるようになる。わたしたちはその力によって約束し、他者に介入することができるようになる。わたしの呼ぶところのあなたは力であり、その力は「……とわたしに言わせてください」と言うわたしに呼びかけ、「わたしは行きましょう」と言うわたしに疑問を呈し、わたしが自分はそうであると言うところのダンサーに要求し、わたしが自分はまだ若いというその若さを疑い、一般社会のただなかにいる自分とその置かれた状況に疑問を突きつける。わたしはあなたに応答するのは、それについてあなたが判断できるようになるためだ。

だれかがそばにいるからといって、必ずしもその人とことばを交わす必要はない。自分が何にたいして笑い、涙を浮かべ、感謝し、悪態をつくのか。そんなことは説明しなくてよいのだ。エネルギーがみなぎり健康であることの喜び、サボテンの付け根の、蜘蛛の巣のそとにかけられたハチドリの巣にとても小さなふたつの卵が抱かれていることに感じた喜びを、わざわざ弁明する必要はないのである。森の小道で子鹿が死んでいるのを目にしたときの悲しみや、若かりし頃に抱いた夢が実現しなかった悲しみを説明する必要はない。わたしたちは自分たちの行動や発言のすべてを他人に説明しなくてもよい。わたしたちは自分の誓いのことばを、幻想の空間を、わたしたちの人生の物語を、だれにも説明する必要がないのである。わたしたちがここに存在することを、生きていることを、愛したいと願っていることを、だれにも説明する必要はない。もはや神にさえ。

わたしたちが話さなければならないのは、わたしたちが不当に扱った人びとである。わたしたちは、かれらの恥、怒り、苦しみを知り、自分たちがかれらに対して行った不正、侮辱、害悪を認めなくてはならない。そうすることではじめて、わたしたちはかれらの人格に触れることができるのである。

知ることは、自分たちの言動を解釈し、その意図を説明することに先立つ。それは、意識的あるいは無意識的な動機を知ろうとするわたしたちの努力によって遠ざけられている。

だれかの苦悩、苦痛、屈辱は、彼や彼女の発作、傷、傷あと、皮膚に刻まれたしわを、わたしたちの前にさらされる。そうした傷や傷あとに目を開くとき、わたしたちの目は彼や彼女の痛みに触れる。その痛みはたちどころにわたしたちを苦しめ、わたしたちの表情に入りこみ、その痛みの鋭さはわたしたちの身を縮こまらせる。血の気のない青白い顔に苦しそうな表情を浮かべている女性。わたしはその人の苦痛をそうした外見に読みとるが、彼女の苦しみは、自身の飢えや渇きではなく、愛する子どもたち、動物、管理する農場や森林、大切に思う人びとのアーカイブや記憶のためのものなのだろう。

わたしたちは、自分たちの行動や怠慢によって生じた過ちを認めなくてはならない。そればかりか、わたしたちの意図や予想を超えて生じた過ち、わたしたちの選び従う政府が、国民の名の下に対内政策や対外戦争をおこない、それによって生じた弊害を決して認めようとしないことの過ち、わたしたちの繁栄と引きかえに無学と困窮を強いられている、はるか遠い国々の子ども、隣人、人びとに対する過ちをも認めなくてはならない。わたしたちは知る必要がある。誠実に語ることは、わたしたちに課せられた命令なのだ。わたしたちは過ちを認めなくてはならない。わたしたちは、真心から正直なことばを語るだけではなく、仕草によって、何も言わないことによって、つまり弁解しようという衝動をおさえた沈黙によって、そうするのだ。

Ⅸ　不名誉

26　自分自身に不誠実であること

科学的研究には、ある間違った仮説や不完全なエビデンスに対し、研究者に莫大な理性の能力を浪費させたり、何年も何十年もの作業へ献身させるという可能性がある。傑出した政治家が、あまり重要とはいえない、本来の目的とはかけ離れた事柄にみずからのエネルギーを傾けたりする。わたしたちが間違っているのかどうかを決定するのは、一般的な判断や専門家の下した判断によるのではなく、そのテーマや活動の現場に対するわたしたちの親しみの深まりであるとか、わたしたちの感覚的・概念的感受性の高まりといった、わたしたちの論理的洞察力、すなわち理解の幅と深さであり、さらに、つまらないものから重要なものを区別するわたしたちの能力である。

わたしたちはみずからの資質や洞察力、技能、エネルギーについて間違えることがある。大学や芸術大学でおこなわれる審査だけが、わたしたちがいつか思想家になったり、ダンサーになったりするのを決めるわけではない。わたしたちは自分にその能力がないとしても、あるいは自分にその能力がないと認めるのを拒否してでも、さらに能力がないことを認めながらでも、自分はダンサーである、教師である、医者である、母親である、ということはありえるのだ[1]。

心に誓った任務を実現する資質、洞察、技能、エネルギーを自分が持ち合わせていないという恐怖を前にすると、わたしたちはその初めからみずからに言い訳をすることになる。わたしたちは自分の全人生と性的能力をこのひとりの人物のために捧げると誓い、結婚する。しかし、すぐに出世のために働き始め、家を買い、ボートを買ったり、赤ん坊をこしらえたりするのだ。愛から徐々に遠ざかっていくことに対し、埋め合わせするのだが、愛がその実を結ぶことはない。そして、わたしたちは自分が何らかの貢献をするという秘めた考えを抱きながら、純粋科学に足を踏み入れる。中年になったある地点で、自分に才能と情熱があるのかどうか、それとも単なる老いぼれ教員なのかが分かるのだろうとわたしたちは感じている。そして、引退するまでの残りの二十年間で、学生にはそれが分かっているということに気づかされることになる。ことのはじめから、何か別のことが進行しているのだ。注文の多い家庭を手にする一方で、授業や運営方針に没頭しなければならないのだ。

わたしたちはみずからの重要なものに対する価値を、所得の高い者だけが手にすることができる特権的財[2]に置き換えることがある。特権的財とは、物質的にも、さらに理論的にも少数の者しか手にできないものである。大金を手にすることが採点基準となりうる。すなわち、大衆の絶賛と支持が、重要なものや崇高なものとの関係にとって代わる。みずからの陶酔や精神的安息を創造する情熱に駆られた独学のアウトサイダー・アーティストが批評家やコレクター、ギャラリー、美術館に認められると、名声や富を求めて描き始める。特権的財の追求は、ほかの情熱のこもった経験を締めだす。強欲は、予測可能な未来に対する注意を遮り、それをのみこんでしまう怒りや悲嘆、恋に落ちることを締めだす。強欲はわたしたち自身の過去に関係している恥、後悔、哀悼を締めだす。[3]

わたしたちは重要なものの不可知性や非在に身を委ねることができる。シニシズムはその優れた明晰さを誇る。私欲が人間性にとって本質的なものであり、人類が基本的に肉食であることに気づくならば、わたしたちは市場や戦場の空騒ぎを受け入れる。人類を進化論的、あるいは宇宙論的視点から考えるならば、洪水や地震、疫病を前にして怒りや悲嘆を感じることはない。わたしたちは黙諾や妥協、諦めからなる日和見的で身勝手な生活を送ることもできるのだ。

27
職業的不名誉

個々人は、科学的領域や科学技術的実践の合理的言説であるとか、さまざまな共同体の共通言語において重要だとされるものに対し、情熱的にみずからの資質、洞察、エネルギー、技能、名誉といったものを費やしている。確立された言説は、確立された真実を適確に表現できなかったり、尊重しない人びとを、無能で、不適格な人びとであると非難する。科学者や弁護士、医師、エンジニアの職業的名誉は、職業的振る舞いという行動規範において規定されているのかもしれない。確立された言説によって職業的活動が指図されない人びとが、その職業を不名誉なものにさせているのだ。

確立された言説と職業的振る舞いという行動規範が、重要かつ緊急なものであるわたしたちの経験を、制限したり、奪い去ることさえある。資金調達を求めている科学者、ソーシャルワーカーや制服を着用したパトロール員が確立された言説を口にすると、みずからの洞察《ヴィジョン》やエネルギー、能力に関して自分に言い聞かせている物語が押しのけられることがある。「これは科学がいうところの」、そう言いながら、医師はみずからの責任と、治療家としてのアイデンティティを放棄してしまうのである。確立した言説がわたしたちの声を乗っ取り、わたしたちの行動を指図するという事態を、ソーシャルワーカーやコンピュータープログラマーや大学教授が、勤務時間後や退職後の生活だけが生きがいになり始めたと感じるという場面において目にすることができる。

重要なものに関する確立された言説が不完全で、欠陥があるということ、公共機関や共同体の確立された言説は、わたしたちがこれまで心血を注いできたことに対する否認や裏切りの行為を覆い隠してしまうということに、わたしたちは気づくかもしれない。政治的指導者たちは、党への忠誠心から正当化というレトリックを身につけるものだ。[1] 製薬会社の研究室に勤務している研究者は、会社が政府に働きかけて、伝染病によって打撃を受けた貧しい国々で、その製品の遺伝子組換え製剤を隠蔽することを知っている。親としての、あるいは、土地や仕事の管理者であることの自尊心への裏切りと共同体の名誉を傷つけることのあいだにある葛藤が、あらゆる共同体において避けることができないのと同様に、アーティスト、治療家、教育者であることにわたしたちが抱く自尊心への裏切りと公共機関の名誉を傷つけることのあいだにある葛藤は、あらゆる機関にはつきものである。

ある集団の確立された言説は、みずからの任務を遂行せずとも、あるいはその能力がないとしても、その集団のある地位の者に対して、しかるべき名誉を認める場合がある。その人物は、そのしかるべき名誉を金銭の絡んだ目的や否定的《シニカル》な目的のために使用することができる。その地位を与えられ、言説において確立された名誉は、腐敗を生みだす。

28 確立された不名誉

ある集団の言説は、その集団が正しいとしていること、間違っているとしていることを確立する。合言葉、パスワード、プロンプト、専門家の法令によって確立されたものであれ、確立された言説はすべて、どのような所見や議論が有効か、あるいは有効でないのかを決定する。科学的医学の言説は、疫病について、それが神の怒りによる仕業として語ることは事実ではありえないと、ずっと以前から断定してきた。法や警察にしてみれば、都心のギャングは間違った価値観に囚われていることになる。「社会」の言説が、どんな語彙や比喩が妥当か、妥当でないかを決定する。商品パッケージの宣伝文句が、かっこ良さを決めるのと同じように。

共同体は、言説の複数性を有効なものとみなす場合がある。医療チームは看護師に、恋人と過ごすためや療養中の両親に会いに帰省するために休暇を与える。公共機関や共同体においても、自由なおしゃべりが認められる場合がある、というのは、諸個人がみずからの洞察から口にすることが、将来、確立された言説に寄与すると考えられるかもしれないし、たとえ逸脱した話であっても、無害であるとみなされたり、その施設の動機やその共同体の常識を再確認するような揶揄によって、中和されることがあるからだ。

ある集団の合言葉やパスワードは、一個人を集団での作業、防衛、調査、冒険、愚行から除外するときにも発せられる。科学界において、その烙印を押された者はペテン師と呼ばれる。「社会」にとって、彼女はこれ以降、うんざりさせる人物ということになる。共同チームにとって、彼は不平ばかりの人物であり、警察にとって、この若者はトラブルメーカーであり、この成人は職務怠慢の人物ということになる。

仕事や「社会」である研究チーム、ギャングにおける個人のなかには、部外者《アウトサイダー》に出会い、彼の物語を耳にし、彼が重要であると考えているものに惹かれ、実際にその人物とかかわりを持つという人もいるかもしれない。労働者たちは妊娠中絶の費用のために盗みを働く女性をかばい、刑務所の看守はレジスタンスの兵士の逃走を許す。彼女は良い詩人ではあるが公証人としての能力はないとか、彼は放蕩者には違いないが、いざというときには頼りになる隣人だと、集団が判断することもあるのだ。

英語の文法は、単語の結びつきによって意味をなすかどうかが決まる。象徴体系と幾何学の公理は、組み合わせによって数学的に意味をなすかどうかが決まる。力学のボキャブラリーや文法、方法論が、その説明が意味をなすかどうかを決める。観察として信用できるものであるかどうか、観察を決定する際の正確さの基準を示せるかどうかを決定するのは、基礎となる共同体なのだ。そして、議論として信頼するにたると判断されたものが、発言や行為が意味をなすかどうかを決定するのだ。(1)

ヨーロッパ中世の確立された言説は、異端者とされた人びとを排除し、今日の確立した言説は、宗教的狂信者たちや妄想的な神経症患者とみなされる人びとを排除する。かれらを説得することは不可能だ。かれらの発言はすべて愚弄され、却下される。共同体の外にあって、その確立された言説と意思疎通が不可能であった人びとは、啓蒙主義時代には偶像崇拝者、野蛮人、食人種《カニバル》と同一視された。かれらの発言は当てにはならず、わたしたちの共同体に対して応答するにはせよ、自分たち同士の間では、わたしたちには訳の分からないやり方で意思の疎通をはかり、動物や悪魔とやり取りするのである。今日、こうした人びとは、わたしたちとは意思の疎通をはからず、みずからの内なる悪魔と意思疎通をするテロリストとみなされるのだ。

排除された人びと、みずからの経験に情熱的に全力を傾ける人びとのことばは、排除という壁の外に漏れ出てくるのものだ。たとえかれらが一掃された後でもだ。決定的に黙らせるためには、かれらがみずからのことばと行為を否定するように強要せねばならなかった。審理の場で自責の念を示し、共犯者を告げる犯罪者には寛大な処置が約束される。カウンセリングや精神分析の手法は、それが訴訟や訴訟の脅威によって課せられるほとんどの場合、司法精神鑑定における言説の真実、すなわち自分が精神障害者であることを認めるように狂信者を誘導することを目的としている。

狂信者、精神障害者、テロリストに要求されていることは、自分がその集団の真実に貢献することができ、集団の真実を検証することができるという考えを抱かないことを受け入れるということである。彼、または彼女に期待されていることは、自分には真実を知る能力がないと認めることであり、自分は常軌を逸しており、自分の身体は情動脅迫に駆り立てられていると告白することである。具体的には、精神科病棟においては、監禁され、電気ショックをかけられ、薬漬けにされ、刑務所においては、睡眠遮断、暴行、電気ショックを与えられ、さらに、身体を傷つける性行為を強制され、精神を錯乱させる厳重警備の刑務所においては、独房監禁という手段でおこなわれる。

X　パーリアたち

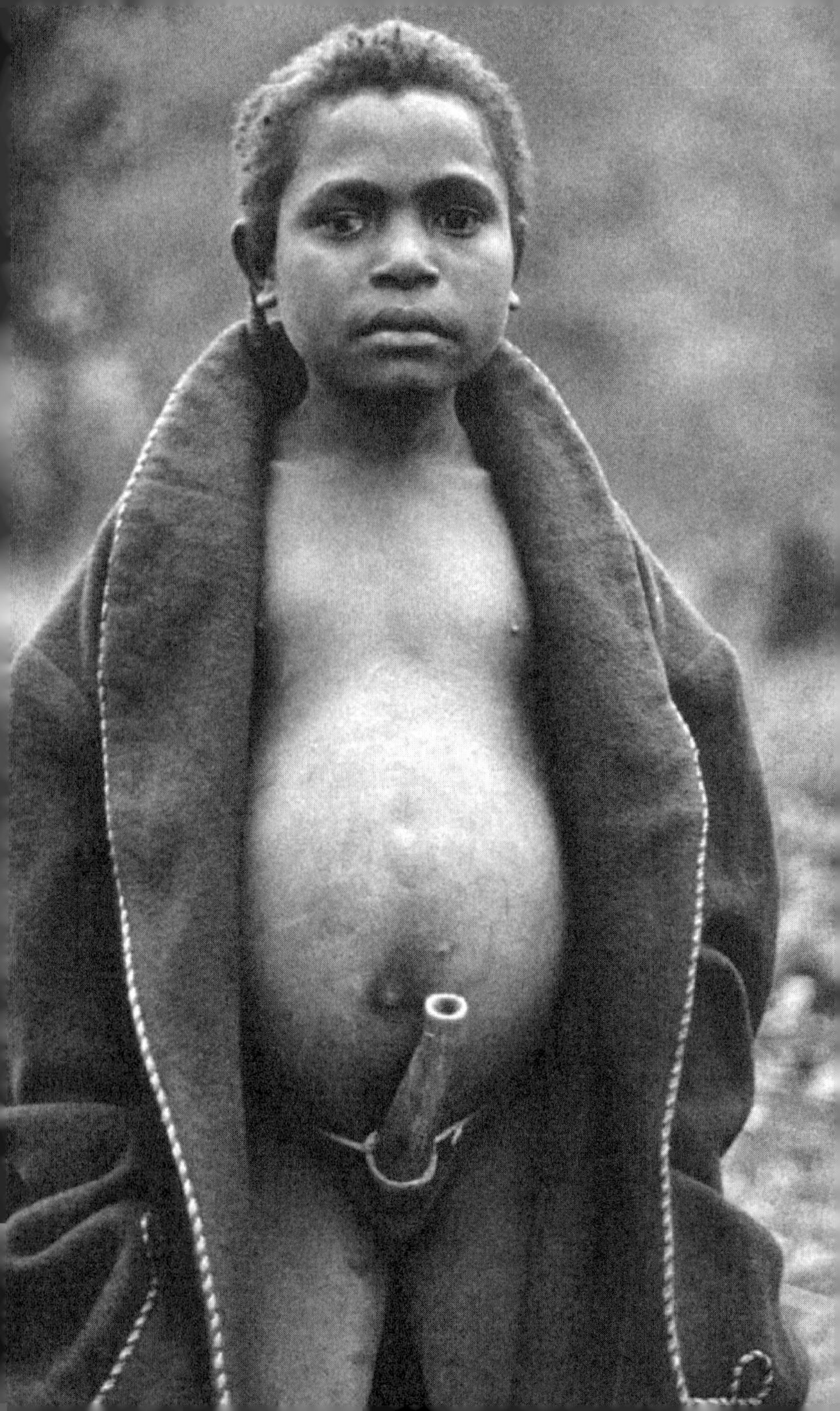

29 見捨てられる名誉

精神病院に収監されたダニエル・パウル・シュレーバーは彼の事件を担当した裁判所、彼の心理状態の調査を任された精神科医たちに対し、自分を理解するあらゆる方策を前もって取り除くために、『回想録――ある神経病者の手記[1]』を著した。みずからの著作をわたしの神経病についての回想録と名づけることによって、彼の過神経興奮性を共有することのないわたしたちに対し、宇宙論的宗教にまで練り上げられた彼の思想を理解するためのあらゆる方策を前もって取り除いたのであった。代わりに彼の使用した基本言語は、鳥たちから拾い集めた言語であり、鳥たちに向けられた言語であった。

監獄では、共同体によって不名誉の烙印を押されたものは男であれ女であれ、馴染みの裁判官や刑務所長のうちで具現化された価値観に対して、軽蔑したまなざしで返答し、冷静な面持ちか、さも自信溢れたかのように装い、監獄で同僚から自分のことばや経験の品位が冒涜されてしまうのを暴力によって威嚇するのだ。かれらの身体、その欲動と力動がみずからの名誉をかくまうのだ(2)。

拷問者が要求する告白に抵抗するのは、捕虜の性格や意志ではない。過激派はヒ素を入れた小ビンを携行している、というのも、かれらは拷問者が人格というものをすべて打ち砕き、いかなる意志をも挫けさせるのを心得ているからである。拷問者が捕虜の身体に性的辱しめを与え、流血させ、血糊がベッタリついた状態やクソまみれにしていく過程で、それに抵抗するのは、多くのものの命運が尽きることになる闘争の場面で、同志たちに、そして、彼がその者たちのために戦い、その大義が失われた暁にはひどく苦しみ、みずからの怒りが再び生まれるであろうような者たちにかけられた、捕虜の誓いのことばなのである。暗闇のなかで壁をすり抜けるネズミたちが、彼の同志たちなのだ。彼の身体はその痛みと腐敗を、みずからの叫びやすすり泣きを掻き消してしまう地下牢の壁のセメント、みずからの叫びやすすり泣きが沁みこんでいく静寂に包まれた惑星の岩石層に委ねる。彼が不名誉なことばを告白しようとも、彼という存在がネズミや岩や星々にみずからの誓いのことばを囁くのだ。

古代ギリシアの悲劇は参列者によるトランス儀式から発展した。トロイア戦争におけるギリシアの勝利以後、アテネの人びとはエウリピデスの「トロイアの女」を鑑賞し、それに参加したが、その劇はかれらが打ち負かした敵兵たちの絶叫や悲嘆以外の何物でもなかった。

第一次世界大戦では、戦死したり負傷した者の九十パーセントが戦闘員であった。朝鮮戦争ではわずか四十パーセントが戦闘員であった。過去二十年の戦争においては、戦死者と負傷者の九十パーセントが非戦闘員であった(3)。強者のテロ活動が開始されたのは、広島と長崎で四十五万の人びとが核兵器に焼かれたことに始まる。アラン・レネの『ヒロシマ・モナムール』は戦勝者たちに、かれらの犠牲になった人びとの叫びを見つめ、それを分ち合うことを要請していた。

レネの映画はフランスの聴衆にドイツ兵を愛したフランス人女性の傷口が塞がらない傷を分ち合うようにも要請している。ジャン・ジュネの『葬儀』はみずからの占領軍ドイツ将校への愛、背徳の愛を追悼している。ジュネの『葬儀』は、処刑された愛人の身体を、解放されたフランスにおける集団的屈辱や自分の故国における集団的名誉から盗みだし、その愛人をみずからの身体のうちに埋葬するという企てなのである。

他者と接触するということは、その人物の全体性、人間性、独立性、自律性を打ち砕き、彼または彼女を冒涜することである。接触が生じるのは、わたしたちがみずからにリスクを負うとき、つまりわたしたちひとりひとりが死と無の領域にみずからと相手を置くときである。狂信者、精神病者、テロリストと接触を試みようとする者は、わたしたちには理解不能な、法の定める義務に縛られることのない何か、不思議なパワー、悪魔的で宇宙論的なパワーがかれらのうちで支配していることに気がつく。精神病患者たちと一緒に暮らす反精神医学者たち、国境なき医師団、国境なき記者団、卑劣な犯罪の犯人を弁護するプロボノ活動をしている弁護士たちは、かれら自身が救おうとしている人びとを冒涜していることに気づき、そして、自分たちがかれらによって侵害され、怒りにかられ、傷つけられていることに気づくのである。

医師や看護師、トラック運転手、テロの恐怖に怯え爆撃される敵側の住民たちのなかで働く記者たちは、投獄され拷問を受けた敵の兵士たちのために、難民キャンプで何百万の人びとのために、飢饉と疫病によって疲弊した何百万の人びとのために働き、埃っぽいテントのなかで手術をおこない、食料の入った袋を配給し、エイズで死に瀕している子どもたちの看護をし、かれら自身が敵の負傷によって傷つけられ、飢饉の犠牲者の飢えによって疲弊する。かれらは、その仕事が自分たちをみずからの国家や国民から遠ざけていることに気づく。かれらの誓いのことばは、戦争の原因への背信であり、みずからの国家の繁栄への背信なのだ。

わたしたちにはみな逃れられない運命がある。死である。他者の死を目撃する際、わたしたちはかれらがどのように死に赴くのかを気にかける。未解決の事柄を解決しなければならないために、仕事の要求とその仕事を救ってくれるであろう愛すべき人の要求に応えるために精神力を極限まで使い切り、勇敢に、静かに決断して死に赴く者、忍耐強く、我慢強く死に赴く者。そうかと思えば、臆病に、他人の哀れみにしがみつき、それを要求し死に赴く者。すすり泣き、絶望して死に赴く者。人間の死に様は他者に向けたことばだ。わたしたちが全力を出し切って死ぬか、弱々しく死ぬかは、わたしたちが全力で生きるか、儚く生きるかということだということも分かっている。わたしたちは直面する絶望のために、自分たちや他者にとっての希望であった、これまでに築いてきた関係を破壊したり、直面する苦しみのために、わたしたちが家族や友人たちに授けてきた愛情や寛容の絆を壊してしまうということさえ起こりうる。生前には何もなしえなかったが、死後、たくさんのことをなしうるということもあるのだ。

原註

1　存在することの偶然

（1）　Friedrich Nietzsche, *Thus Spoke Zarathustra*, trans. Walter Kaufmann in *The Portable Nietzsche* (New York: Viking, 1968), I, "On Free Death," 183.〔フリードリヒ・ニーチェ『ツァラトゥストラかく語りき』、佐々木中訳、河出文庫、二〇一五年、一二二頁〕

2　わたしはどのようにしてここに存在することになったのか

（1）　エマニュエル・レヴィナスは、この現実を支え維持するものの密度を「元基態（the elemental）」と呼んでいる。*Totality and Infinity*, trans. Alphonso Lingis (Pitsburgh: Duquesne University Press, 1969), 130–42.〔エマニュエル・レヴィナス『全体性と無限』、藤岡俊博訳、講談社学術文庫、二〇二〇年、二二九—二五〇頁〕

（2）　したがって生命とは、生命体の物質的組成から生じる不足や必要の力であり、その知覚や運動を活性化する不足や必要の力と考えることもできるだろう。ゲオルグ・フリードリヒ・ヘーゲルは、すべての意識を否定性の力であると考えた。イマヌエル・カントは、生命の求める幸福とは、すべての必要や欲求が完全かつ永遠に満たされた状態であるとした。生命体のうちに生じる自我の感覚は、必要のうちに生じ、また充足を目的とする。

（3）　Martin Heidegger, *Being and Time*, trans. John Macquarrie and Edward Robinson (New York: Herper and Row, 1962), 95–102.〔マルティン・ハイデガー『存在と時間3』、中山元訳、光文社古典文庫、二〇一七年、一〇二―一一三頁〕

（4）　Philip Fisher, *The Vehement Passions* (Princeton, N.J.: Princeton University Press, 2002), 6–7.

（5）　Albert O. Hirschman, *The Passions and the Interests* (Princeton, N.J.: Princeton University Press, 1981), 42–66.〔アルバート・O・ハーシュマン『情念の政治経済学』、佐々木毅・旦祐介訳、法政大学出版局、一九八五年、四〇―六六頁〕

3　わたしのいるところ

（1）　Levinas, *Totality and Infinity*, 152–54.〔レヴィナス『全体性と無限』、前掲書、二六八―二七二頁〕

（2）　Ibid., 158–62.〔同書、二七九―二八七頁〕

（3）　Heidegger, *Being and Time*, 114–22.〔ハイデガー『存在と時間3』、前掲書、一六〇―一九〇頁〕Alphonso Lingis, "The Word as a Whole," in *Sensations: Intelligibility in Sensibility* (Atlantic Highlands, N.J.: Humanities Press, 1996), 13–29.

（4）　*Vorhanden*: Heidegger, *Being and Time*, 102–4.〔ハイデガー『存在と時間3』、前掲書、一一四―一三四頁〕

（5）　A.R. Luria, *The Nature of Human Conflicts* (New York: Liveright, 1976).

（6）　Gilles Deleuze and Felix Guattari, *A Thousand Plateaus*, trans. Brian Masumi (Minneapolis: University of Minnesota Press, 1987), 311–50.〔ジル・ドゥルーズ＆フェリックス・ガタリ『千のプラトー――資本主義と分裂症』、宇野邦一・田中敏彦・小沢秋広訳、河出書房新社、一九九四年、三五七―四〇三頁〕

（7）　Luria, *Nature of Human Conflicts*.

（8）　「真の理想といえるのは、患者たち各人が「自然の」リズムと運動、自由奔放な「動的メロディー」（ルリアのことば）を取り戻すことである。単にアルゴリズムにのっとった行動ではなく、本当に自由な空間を取り戻すことである。くり返し観察してきたことであるが、適切な音楽が流れると、患者は短い時間であっても動的メロディーを取り戻しうる。……自然と文化の「ありのままの」動きも、視覚や触覚に訴えるものは経験すれば同じように効果的である。すなわち、私が担当したパーキンソン症候群患者のなかには、ジストニーのために体が変形してほとんど動けないのに、易々として乗馬をこなす者もいる。しかも落ち着き払った優雅な身のこなしで、ごく自然に馬と一体になるのだ。乗馬、ランニング、散歩、水泳など何であれ、自然な動作をただ目にすることが――テレビ画面にそうした動作が映しだされるのを見るという、純粋に視覚的な体験であっても――共感や示唆によって、パーキンソン症候群患者におなじく自然な動作を呼び起こさせるのである。また、患者と緊密な関係を保ちそれとなく一緒に行動しながら手助けをするという、感受性豊かな看護婦や友人たちの芸術的な「患者の扱い」、これこそ真の芸術である。こうした技能は馬でも犬でも修得できるものだが、それはしなやかに旋律的に生き生きとして他者の内側に分け入る機能なのであって、いかなる機械にも決して真似のできない技能なのである。こうした微妙で変化し続ける能力を発揮することは、悩める患者と自然の力とに介在する「自然な」方法を工夫することによって達成できるように思う。重いパーキンソン病患者が自動車やモーターボートを操縦するのは極めて危険であるが（患者の病状を悪化させることが多い）、ヨットなら上手に、そして直観的な正確さと「感性」とで操ることができる。そこでは、人間－船－風－波がおのずと、そしてダイナミックに一体化し調和する。患者が自然の力から一体感と安心感を得ると、内なるメロディーが喚起されて、自然のハーモニーと調子を合わせる。そのときかれらはもはや受動的に突進してしまう患者ではなく、活力と自由に満ちて「行動する人」になっているのだ」(Oliver Sacks, *Awakenings*, [London: Picador, 1991], 348–49.〔オリヴァー・サックス『レナードの朝』[新版]、春日井晶子訳、ハヤカワ・ノンフィクション文庫、二〇一五年、五七三―五七四頁〕）。

（9） Aristotle, *Rhetoric*, 2.8. 1386a15–20.〔アリストテレス『弁論術』、戸塚七郎訳、岩波文庫、一九九二年、二〇七―二一〇頁〕

（10） Fisher, *Vehement Passions*, 39.

（11） Ibid., 88.

(12) Friedrich Nietzsche, *The Gay Science*, trans. Walter Kaufmann (New York: Vintage, 1974), ¶333.〔フリードリヒ・ニーチェ著『喜ばしき知恵』、村井則夫訳、河出文庫、二〇一二年、三三九―三四〇頁〕

(13) ドゥルーズとガタリによれば、かれらもまたわたしたちの身体を領土化する。かれらは他のものたちが超えることのできない境界線を引く。かれらのまなざしは、刺青のほどこされた身体と離れて立ち、距離を保ちながら目を注いでいる。*Thousand Plateaus*, 320.〔ドゥルーズ&ガタリ『千のプラトー――資本主義と分裂症』、前掲書、三六九頁〕

4 接触する声

(1) Martin Heidegger, *On the Way to Language*, trans. Peter D. Hertz (New York: Harper and Row, 1971), 155 and passim.〔マルティン・ハイデガー『存在と時間４』、中山元訳、光文社古典新訳文庫、二〇一八年、一一〇頁〕

5 探索する声

(1) 物語を語ることは理解する方法である。ある存在や出来事を理解するためのもっともありふれた方法はそれについて語ることである。ものを語るということは説明することだ。物語は、状況やものや事柄を、それ以前の関連するものや事柄のネットワークにおいて、その輪郭を描くことである。正規の教育がおこなわれるようになるはるか前から、描写、羅列、分類、議論、型、図表があっただろう。ところが、それらのものとよく似た、あるいはその後につづく、わたしたちの実践的で社会的な環境をめぐる学びは、その大半が話を聞き、その話を修正し、蓄積を増やすことである。Cf. Roger C. Schank and Tamara R. Berman, "The Pervasive Role of Stories in Knowledge and Action," in *The Narrative Impact*, ed. Melanie C. Green, Jefferey J. Strange, and Timothy C. Brock (Mahwah, N.J.: Lawrence Erlbaum, 2002), 287.

(2) Paul Feyerabend, *Against Method* (London: Verso, 1984), 36–46.〔ポール・K・ファイヤアーベント『方法への挑戦――科学的創造と知のアナーキズム』、村上陽一郎・渡辺博訳、新曜社、一九八一年、四七―六〇頁。本書は、

Paul Feyerabend, *Against Method ; Outline of an anarchistic theory of knowledge*, NLB, 1975を底本としている。リンギスが参照した一九八四年版とは異なるが、参考までに頁数をあげておいた。〕

6　体系化し、命令することば

（1）　Deleuze and Guattari, *A Thousand Plateaus*, 387–94.〔ドゥルーズ&ガタリ『千のプラトー——資本主義と分裂症』、前掲書、四四三—四五〇頁〕

7　重要なものと差し迫ったもの

（1）　Bernard Williams, *Ethics and the Limits of Philosophy* (Cambridge, Mass: Harvard University Press, 1985), 182.〔バーナド・ウィリアムズ『生き方について哲学は何が言えるか』、森際康友・下川潔訳、ちくま学芸文庫、二〇二〇年、三五四—三五五頁〕

（2）　Friedrich Nietzsche, *Beyond Good and Evil*, trans. Walter Kaufmann (New York: Vintage, 1966), ¶ 257.〔フリードリヒ・ニーチェ『善悪の彼岸』、中山元訳、光文社古典新訳文庫、二〇〇九年、四〇五頁〕

（3）　Heidegger, *Being and Time*, 114–15.〔ハイデガー『存在と時間3』、前掲書、一六〇—一六三頁〕

（4）　ハチドリの最大エネルギーは、筋肉一キロあたり百三十三ワットであり、ヒトの場合は十五ワットである。

（5）　David Hume, *A Treatise of Human Nature* (Garden City, N.Y.: Doubleday, 1961), 423.〔デイヴィッド・ヒューム『人間本性論　第3巻　道徳について』、伊勢俊彦・石川徹・中釜浩一訳、法政大学出版局、二〇一二年、二二—二三頁〕

（6）　Immanuel Kant, *Fundamental Principles of the Metaphysic of Morals*, trans. Thomas K. Abbott (Indianapolis: Bobbs-Merrill, 1949), 11–16.〔イマヌエル・カント『道徳形而上学の基礎づけ』、中山元訳、光文社古典新訳文庫、二〇一二年、三四—三九頁〕

（7）　Immanuel Kant, *Critique of Judgment*, trans. Werner S. Pluhar (Indianapolis: Hackett, 1987), 114–17.〔イマヌエル・

カント『判断力批判』、熊野純彦訳、作品社、二〇一五年、一九九―二〇三頁〕

（8）Kant, *Fundamental Principles of the Metaphysic of Morals*, 31–35.〔カント『道徳形而上学の基礎づけ』、前掲書、九〇―九七頁〕

8　わたしは……である

（1）Friedrich Nietzsche, *On the Genealogy of Morals*, trans. Walter Kaufmann and R. J. Hollingdale (New York: Vintage, 1969), II, 2.〔フリードリヒ・ニーチェ『道徳の系譜学』、中山元訳、光文社古典新訳文庫、二〇〇九年、一〇〇―一〇三頁〕

（2）Leslie Farber, *Lying, Despair, Jealousy, Envy, Sex, Suicide, Drugs and the Good Life* (New York: Basic Books, 1976), 7.

（3）Belinda Thompson, ed., *Gauguin by Himself* (Boston: Little, Brown and Company, 1993), 270.

（4）Nietzsche, *Beyond Good and Evil*, ¶40.〔ニーチェ『善悪の彼岸』、前掲書、一〇三頁〕

（5）David Abram, personal communication.〔私信〕

（6）Jon Elster, *Sour Grapes: Studies in the Subversion of Rationality* (Cambridge: Cambridge University Press, 1987), 153.〔ヤン・エルスター『酸っぱい葡萄――合理性の転覆について』、玉手慎太郎訳、勁草書房、二〇一八年、二五三―二五五頁〕

9　幻想の身体

（1）　歩行中、たとえ一瞬であっても、鏡を使ったとしても、みずからの足取りを見ることは不可能だ。みずからをまなざすことになる視線を注ぐその目じたいが、わたしたちが通りを歩行している際に生じた視線に干渉し、わたしたちの足取りに変更を加えるからである。そうはいっても、わたしたちはみずからがどんな風に見えるかという感覚を持つものである。心理学者が人びとがシルエットで風景のなかを横切っていくビデオテープを提示すると、わたしたちはその足取りから自分自身を選びだすことができるということに気づくのだ。

（2） Melanie Klein, *The Selected Melanie Klein*, ed. Juliet Mitchell (New York: Free Press, 1987), 189–91.〔メラニー・クライン『妄想的・分裂的世界　メラニー・クライン著作集４』、此木啓吾・岩崎徹也責任編訳、誠信書房、一九八五年、一九―二一頁〕

（3）「もっとも強烈な身体接触の瞬間においてさえ、恋人たちは二人だけでいるのではなく、最小限、象徴による支えとしての幻想の語りを必要としている――つまり、「二人だけになって」、「あれ」に浸ることなどできないのだ」(Slavoj Žižek, *The Plague of Fantasies* (London: Verso, 1999), 65.〔スラヴォイ・ジジェク『幻想の感染』、松浦俊輔訳、青土社、一九九九年、一〇四―一〇五頁〕)。

（4） Nietzsche, *Thus Spoke Zarathustra*, III, 30, 2.〔ニーチェ『ツァラトゥストラかく語りき』、前掲書、三七四―三七五頁〕

10　予言のことば

（1）「近年の実験データは、脳内に記憶された言語意味論的知識は実在する知識であるという主張を裏付けている……。マーティンらのＰＥＴデータ「色の知識と行動の知識に関係する離散的皮質領域」〔A. Martin, A. C. L. Wiggs, and L. G. Ungerleider, 'Discrete Cortical Regions Associated with Knowledge of Color and Knowledge of Action,' *Science* 270 (1995): 102–5〕が明らかにしていることは、わたしたちが手工具の名称を思い浮かべると、手の動きの制御に関係する一次運動野が活性化されるということである。わたしたちがある動物の名称を思い浮かべると、かたちや色に関係する一次視覚野が活性化される。一次視覚野が活性化されるとは、つまり、ある語を思い浮かべると、語にコード化された概念のあるアスペクト、世界によってコード化されている生物のかたちや形状、色を形成する役目を果たす神経構造を手にするということなのだ。……マーティンらのＰＥＴデータによれば、手工具の名称が手の運動を想像させることにより左運動前野が活性化され、また動作語によって左中側頭回の領域も活性化されたのであった」(Philip Lieberman, *Human Language and Our Reptilian Brain* [Cambridge, Mass.: Harvard University Press, 2000], 62–63)。

11　年代記と物語

（1）　ロック、カント、フッサールの分析によるものであれ、心の哲学は、過去の出来事を記憶のうちに受動的、もしくは能動的に保持しているという意味において、自己同一性を描写するものである。

（2）　サルトルの「本質的投企」、あるいはハイデガーの「決断」。Jean-Paul Sartre, *Being and Nothingness*, trans. Hazel E. Barnes (New York: Washington Square Press, 1966) 723–34; Martin Heidegger, *Being and Time*, 297–301.〔ジャン＝ポール・サルトル『存在と無――現象学的存在論の試み〈3〉』、松浪信三郎訳、ちくま学芸文庫、二〇〇八年、三一二―三二〇頁。マルティン・ハイデガー『存在と時間7』、中山元訳、光文社古典新訳文庫、二〇二〇年、四〇―六一頁〕

（3）　「いわゆる談話療法とは、患者とセラピストによる協力によって、これまで話すことができなかったことが最終的に話すことができるように、患者の話を明確にする作業である。秘密にされてなければならなかったことが暴かれ、忘れ去られなければならなかったことが思いだされ、耐え忍ばなければならなかっことは嘆き悲しむことができる。沈黙と孤独のうちにやり過ごされたことは慎重に吟味され、配慮され、愛情深く、共感的な他者と共有することができる。物語ることに似たセラピーは口頭の（そして、聴覚の）技芸なのだ。R・D・レインは、非常に痛ましく、身の毛のよだつ出来事を泣き崩れることなく、患者みずからが説明し、描写できるようになるまで、患者にくり返し話をするように指導した。レインは患者が、自分ではなく他者が泣き出してしまうようみずからの物語を語ることができるようになるまでには、患者は癒され、機嫌を損なうことなくみずからの人生をうまくやってゆくことができると考えていた」（Andrew Feldmar, "The Truth About Stories: A Native Narrative," *In a Nutshell* [Winter 2004], 7）。

（4）　Nietzsche, *Gay Science*, ¶360.〔ニーチェ『喜ばしき知恵』、前掲書、四〇六―四〇七頁〕

（5）　「人間が自分自身との和解に達すること、この一事のみが肝心なのだ。――それはどんな文学や芸術によってであってもよい。……自分自身と不和である者は、いつでも復讐の機を窺っている。われわれ他人はその犠牲となるだろう。——たとえそれが、いつも彼のおぞましい姿に堪えなければならないというその一点にすぎないとしても。何と言っても、おぞましいものを見るのは、気が塞いで鬱陶しいことだからだ」(Ibid., ¶ 290.〔同書、二九九頁〕)。

(6) Ibid., ¶ 299.〔同書、三〇九―三一〇頁〕

(7) Ibid.〔同書〕

(8) Nietzsche, *Thus Spoke Zarathustra*, IV, 3.〔ニーチェ『ツァラトゥストラかく語りき』、前掲書、四一五―四二一頁〕

(9) 「抑圧された者、踏みつけにされた者、暴力を加えられた者は、無力な者の復讐のための狡智から、次のように自分に言い聞かせて、みずからを慰めるものだ。「われわれは悪人とは違う者に、すなわち善人になろう！善人とは、暴力を加えない者であり、誰も傷つけない者であり、他人を攻撃しない者であり、報復しない者であり、復讐は神に委ねる者であり、われわれのように隠れている者であり、すべての悪を避け、人生にそれほど多くを求めない者である。われわれのように辛抱強い者、謙虚な者、公正な者のことである」。——しかしこの言葉を先入見なしに冷静に聞いてみれば、そもそも次のように言っているにすぎない。「われわれのように弱い者は、どうしても弱いのだ。われわれは、それを為すだけの強さを持たないことは何もしない方がよいのだ」」(Nietzsche, *Genealogy of Morals*, I:13.〔ニーチェ『道徳の系譜学』、前掲書、七五頁〕)。

13 傷とことば

(1) Nietzsche, *Genealogy of Morals*.〔ニーチェ『道徳の系譜学』、前掲書〕

(2) Susan Sontag, *Illness as Metaphor* (New York: Anchor, 1989).〔スーザン・ソンタグ『隠喩としての病い　エイズとその隠喩』、富山太佳夫訳、みすず書房、一九九二年〕

(3) Paul West, *A Stroke of Genius* (New York: Viking, 1995), 2.

(4) Ibid., 71–73.

(5) Paul West, *Out of My Depths* (New York: Doubleday, 1983), 83.

(6) Paul West, *The Place in Flowers Where Pollen Rests* (New York: Collier, 1989), 97.

(7) West, *Out of My Depths*, 16.

(8) Nietzsche, *Gay Science*, ¶299.〔ニーチェ『喜ばしき知恵』、前掲書、三〇九―三一〇頁〕

(9) Nietzsche, *Thus Spoke Zarathustra*, III, "The Convalescent," 2.〔ニーチェ『ツァラトゥストラかく語りき』、前掲書、三〇九―三一〇頁〕

(10) West, *Stroke of Genius*, 105.

(11) Ibid., 92.

14 認識

(1) Douglas W. Mock, *Behavior and Evolution of Birds: Readings from "Scientific American"* (New York: W. H. Freeman, 1991), 7–19.

(2) Robert B. Payne, *Sexual Selection, Lek and Arena Behavior, and Sexual Size Dimorphism in Birds* (Washington, D.C.: American Ornithologists' Union, 1984), 1–2.

(3) Jaak Panksepp, "Beyond a Joke: From Animal Laughter to Human Joy?" *Science*, April 1, 2005, 62–63.

(4) 「情熱は文化的価値がきわめて高い領域、恐怖を感じ、パニックに陥り、怒りから攻撃するだけでなく、仲間の喪失を悲しみもする人が動物たちと共有する領域を追跡し、突き止める。わたしたちが動物の道徳生活と呼ぶことができるかもしれない、かれらの力との関係性、彼ら自身の意志との関係性、かれらの喪失や喜びとの関係性が、人間が常に動物を解釈することができると自負しているやり方で生じるのは、情熱の熱狂的な状態によってもたらされるのである」(Fisher, *Vehement Passions*, 24–25)。

16　あなた

（1）　Gustave Flaubert, *Madame Bovary*, trans. Eleanor Marx- Aveling (New York: Pocket Books, 1948), 308.〔ギュスターヴ・フローベール『ボヴァリー夫人（下）』、伊吹武彦訳、岩波文庫、一九三九年、一八四頁〕

（2）　Sacks, *Awakenings*, 214-15 n. 101.〔サックス『レナードの朝』〔新版〕、前掲書、三八〇―三八一頁〕

（3）　「あれはだれなの？」と、わたしたちは尋ねる。「あなたはどちら様？」。人を識別する際に、わたしたちは「あなたはダイアンだね。昨年、トゥールーズで会いましたね」と口にする。「あなたは電話で話した修理工のポールでしょう」などと。わたしたちが認識するアイデンティティとは、語りのアイデンティティである。わたしたちがその人物について一連の感情、思考、行動の流れを語る人物のことだ。わたしたちが認識するアイデンティティとは、ある物語のひとつの線的なプロット、あるいは多数の線が撚り合わされたプロットなのである。すでに名を与えられている人物は、その人物に関して簡単な物語が始まっている人物ということになる。「ジュディはあそこにいる、カーボーイハットをかぶって」。「シーラです。アオテアロアからついたばかりよ」。

このようにわたしたちがある人物に対して認識するアイデンティティは、実際的なものであり、さまざまな時間、さまざまな状況である人物を認識するために使用するアイデンティティ、その人物に対し、どのようにアプローチし、対話するかを知るために認識するアイデンティティなのである。

（4）　イマヌエル・カント曰く、わたしたちに他者に対する敬意を要請するのは、かれらが自律して存在しているという証拠であるという。かれらは合理的主体としてそう行っているという。合理的主体は単に外部の誘惑や内部の無意識の衝動や本能によって駆り立てられるわけではなく、空想によって惑わされることもない。わたしたちが他者に敬意を抱くのは、かれらの合理的な能力、かれらのうちにある理解していることに応じてみずからの人生を送る力能にある。

妥当な理性というものは状況によって左右されるものではない。合理的な人物は、合理的な人物であれば誰でもそうするように、いかなる状況でも判断する者である。カントの考えによれば、わたしたちが本当に尊敬するのは普遍的な合理的能力なのであって、個人のうちに備わっている性格ではない。個人を尊敬するというようなことはあり得ないのである。

17　強い絆

（1）　わたしたちは車の機械的な状態を「信頼する」とか、登ろうとする足場の堅固さを「信頼する」と言ったりする。より正確には、車で西海岸まで旅するのを、鉄パイプの足場が堅固であると期待する、あるいは、信じると言うのかもしれない。わたしたちの期待は自然の法則に従うものである。わたしたちの車を「信頼する」と言うとき、わたしたちはその車をひとりの古い友人として見ているからだ。

（2）　ホメロスの『イーリアス』は、アリストテレスや彼の同時代人にとって人間の営みと能力についての非常に豊かな記述であった。アリストテレスは、難破や自然災害、不治の病によって死に直面する者たちは武勇に秀でるのでも行動するのでもなく、ただ受動的に待ち受けるばかりで、戦うという選択肢を持っていないが故に、選択することがないという理由で厳密には勇敢であるとは言い難いとし、軍人の美徳こそが勇敢さであると主張した。アリストテレスにとっての勇敢さとは、みずからの生命の危険を冒して他人を打ちのめすように人間を駆り立てる力なのである。今日でも、悪意なき悪行である、戦場からの逃亡を行う人物こそが臆病者と呼ばれるのである。アリストテレスにとって、武勇や技能、活力、決断力、行動力を兼ね備えた兵士の勇敢さこそが都市国家における市民の労働を特徴づけるものであり、市民たるものいざ事が生じれば市民軍に志願すべきものであった。今日でもみずからの生命の危険を冒して他人を打ちのめす兵士たちは勇敢であると呼ばれるが、仮にその戦争が虚偽の証拠に基づいたものであったり、あるいは、軍事的、経済的侵略が理由であったりしても、兵士が男であることを証し立てるよう信じこまされたり、無理強いされたりするという理由からなのである（自然災害や津波、疫病による死者に対するモニュメントは存在しない）。

18　周知のこと

（1）　Deleuze and Guattari, *Thousand Plateaus*, 79–85.〔ドゥルーズ＆ガタリ『千のプラトー――資本主義と分裂症』、前掲書、一〇〇―一〇六頁〕

（2）　Heidegger, *Being and Time*, 149–68.〔ハイデガー『存在と時間4』、前掲書、九七―一七〇頁〕

（3）　Oscar Lewis, *The Children of Sanchez* (Harmondsworth, Eng.: Penguin, 1979).

（4）　Michel Foucault, *The History of Sexuality*, vol. 1, An Introduction (New York: Vintage, 1990), 94–102.〔ミシェル・フーコー『性の歴史Ⅰ　知への意志』、渡辺守章訳、新潮社、一九八六年、一二一―一三二頁〕

（5）　Feyerabend, *Against Method*, 141–43.〔ファイヤアーベント『方法への挑戦――科学的創造と知のアナーキズム』、前掲書、三四四―三四七頁〕

（6）　「わたしがある言明をしたとき、もし事実上決して何物も、それを撤回させるに足る根拠として提示し得ないのならば、それは、単にその場合、その言明をなすのが可能な立場のうちで最良の立場に、わたしがいた、あるいは身を置いたからにすぎない――その場合、わたしはその言明をなすことに完全な確信をもっており、また、もつ権利があるのだ。しかし、その条件が成り立つか否かは、その言明においてわたしがどういう種類の文を使うかの問題ではなく、その言明をなす際の状況がどうであるかの問題なのである。もしわたしが、視野の中のある色の広がりを注意深く調べ、それをよく肝に銘じ、英語をよく知っており、自分が言うことに細心の注意を払うならば、わたしが「わたしには今、あたかもわたしが何かピンクのものを見ているがごとくに思われる」と言った場合、決して何物をも、わたしが間違えたことを示すものとして提示することはできないであろう。しかし同様に、もしわたしが、良い光線状態のもとで、眼前数フィートのところにいる動物を、しばらく観察し、突っついてみたり、匂いを嗅いだり、それが出す音によく注意したならば、わたしが「あれは豚だ」と言った場合、やはりそれは「不可謬」であって、何物をも、わたしが間違えたことを示すものとして、提示することはできないであろう。それじたいとして不可謬であるような特別の種類の文がある、という考えをひとたび捨て去ってしまえば、事実上不可謬な言明をなす――その意味は、その言明が全く確実に、決定的に、撤回があり得ぬほどに真であるような状況において、その言明がなされる、ということである――ために発話し得る文にはたくさんの種類がある、ということ（これは、言うまでもなく真である）を認めることができよう」（J. L. Austin, *Sense and Sensibilia* [New York: Oxford University Press, 1964], 114–15〔J・L・オースティン『知覚の言語――センスとセンシビリア』、丹治信香・守屋唱進訳、勁草書房、一九八四年、一六三―一六四頁〕）。

19　言うべきとき

（1）　Deleuze and Guattari, *Thousand Plateaus*, 107–8.〔ドゥルーズ&ガタリ『千のプラトー――資本主義と分裂症』、前掲書、一二七頁〕

20　自分自身に言うべきこと

（1）　Richard Moran, *Authority and Estrangement* (Princeton, N.J.: Princeton University Press, 2001), 83–94.

（2）　Nietzsche, *Gay Science*, ¶354.〔ニーチェ『喜ばしき知恵』、前掲書、三八三―三八八頁〕

（3）　Deleuze and Guattari, *Thousand Plateaus*, 167–73.〔ドゥルーズ&ガタリ『千のプラトー――資本主義と分裂症』、前掲書、一九三―一九九頁〕

21　想像すべきこと

（1）　Claude Lévi- Strauss, *Structural Anthropology*, trans. Claire Jacobson and Brooke Grundfest Schoepf (New York: Basic Books, 1963), 186–205.〔クロード・レヴィ＝ストロース『構造人類学』、荒川幾男ほか訳、みすず書房、一九七二年、二〇五―二二七頁〕

（2）　Kant, *Fundamental Principles of the Metaphysic of Morals*, 50–57.〔カント『道徳形而上学の基礎づけ』、前掲書、一四七―一六九頁〕

(3)「傷、すなわち象徴秩序の非整合性を隠蔽している「見せかけ」としての幻想は常にその個人独特のものである。その特殊性は絶対的であり、「媒介」に抵抗する。つまりより大きな普遍的・象徴的媒体の一部にはなりえない。だからこそ、自分自身の幻想に対して一定の距離をおき、幻想そのものは究極的には偶然的なものであることを経験したとき、つまり幻想とは、自分の欲望の行き詰まりを、個々人独特のやり方で、隠蔽するための方便であることを理解したとき、そのときはじめて、他者の幻想の尊厳が理解できるのである。幻想の尊厳は、それがまさに「幻」であり、脆弱で、無力だということのなかにあるのである」(Slavoj Žižek, *Looking Awry: An Introduction to Jacques Lacan through Popular Culture* [Cambridge, Mass.: MIT Press, 1992], 156–57.〔スラヴォイ・ジジェク『斜めから見る——大衆文化を通してラカン理論へ』、鈴木晶訳、青土社、一九九五年、二九三頁〕)。

(4) Ibid.〔同書〕

(5) Immanuel Kant, *Critique of Practical Reason*, trans. Lewis White Beck (Indianapolis: Bobbs- Merrill, 1956), 24–25.〔イマヌエル・カント『実践理性批判』、中山元訳、光文社古典新訳文庫、二〇一三年、七一—七二頁〕

(6) Žižek, Looking Awry, 157.〔ジジェク『斜めから見る——大衆文化を通してラカン理論へ』、前掲書、二九三頁〕

(7) Ibid.〔同書〕

(8) Ibid.〔同書〕

(9) Ibid.〔同書〕

(10) Slavoj Žižek, *The Plague of Fantasies* (London: Verso, 1997), 81.〔ジジェク『幻想の感染』、前掲書、一〇三頁〕

(11) Ibid., 9.〔同書、二三頁〕

(12) Ibid., 49.〔同書、八一頁〕

(13) Ibid., 65.〔同書、一〇五頁〕

(14) Ibid., 39.〔同書、七〇頁〕

(15) Ibid.〔同前〕

(16) Ibid., 21.〔同書、四三頁〕

(17) Slavoj Žižek, *The Ticklish Subject* (London: Verso, 1999), 391–92.〔スラヴォイ・ジジェク『厄介なる主体〈2〉——政治的存在論の空虚な中心』、鈴木俊弘・増田久美子訳、青土社、二〇〇七年、二九六―二九七頁〕

22　自分の声を見出すこと

(1) Zizek, *Plague of Fantasies*, 7.〔ジジェク『幻想の感染』、前掲書、二一頁〕

(2) Gustave Flaubert, *Dictionary of Accepted Ideas*, trans. Jacques Barzun (New York: New Directions, 1968).〔ギュスターヴ・フローベール『紋切型辞典』、小倉孝誠訳、岩波文庫、二〇〇〇年〕

(3) 　エトムント・フッサールの現象学は、合理的文化を土台としながら、原初的洞察に回帰する、それを蘇らせるという使命があった。そして、すべての洞察は一人称単数に存在するのである。みずからの声で語ることは、自分の置かれた状況について洞察を述べることだ。わたしたちの目は一瞬ちらりと目にした色彩や変化する模様の密度に焦点を当て、近づき、その周囲を動き、視界の端を定め、一点に集中するまでそうする。すると、わたしたちは間違いなくそこに実在するものを目にし、それがそこに存在しており、それがどのようなものであるか言うことができる。とはいえ、わたしたちはある一方からそれを眺めているのにすぎず、その実態や正体は、今後の完成と確認の過程でその都度吟味されるものだ。ハイデガーは、フッサールの現象学の直観主義を解釈学に取って代えた。つまり、ありうる何かについての洞察は、ことばによる明確な記述のうちに把握され、また保持されており、そうした陳述はその続きを、それを修正し、それに基づき、結論を導き、異論を喚起し、正当化し、あるいはその根拠を補完する文を引き寄せる。信頼にたる発言を特徴づけるものは、それが述べる洞察の妥当性ではなく、それに対して寄せられる疑問や異論に答えようとするひたむきさなのである。となると、信頼にたる発言とは非常に難しいもののようにみえる。そうした発言のことばは、ごくふつうの一般的なものだが、その陳述は漠然とした確証に開かれている。

　わたしたちが自分の環境について伝えることの大半は、漠然とした異論や疑問に開かれておらず、その真実は終わりなき修正の終着点ではすでに結論がついているのだという考えに異を唱えよう。つまり、わたしたちが伝えることは明白な真実であり、本当の意味で疑問に付されることがない。したがって、わたしたちが異国の地で語ることの多くは、その土地の人びともまた明白な真実と考えるだろう。その土地の言語でこれらのものを何と呼んでいるか、分類の仕方や、わたしたちのそれとどのように異なっているかを知るだろう。Cf. Bernard Williams, *Truth and Truthfulness* (Princeton, N.J.: Princeton University Press, 2002), 45–53.

　わたしたちが目にするものの実態や正体を、終わることのない探索によってのみ確かめることのできる仮説とすることや、わたしたちが知覚した周囲や外部世界のリアリティは可能な仮説にすぎないと考えることは誤りである。Cf. Maurice Merleau-Ponty, *Phenomenology of Perception*, trans. Colin Smith (London: Routledge, 2000), xvi. 342–45; *The Visible and the Invisible*, trans. Alphonso Lingis (Evanston, Ill.: Northwestern University Press, 1968), 14–27.〔モーリス・メルロ＝ポンティ『知覚の現象学2』、竹内芳郎・木田元・宮本忠雄訳、みすず書房、一九七四年、一三四―一三七頁。モーリス・メルロ＝ポンティ『見えるものと見えないもの　付・研究ノート』、滝浦静雄・木田元訳、みすず書房、一九八九年、二六―四四頁〕

23　代弁する声

（1）Kathleen Stewart, *A Space on the Side of the Road* (Princeton, N.J.: Princeton University Press, 1996).

26　自分自身に不誠実であること

（1）大学教授の九十四パーセントが、自分の方が職場の平均的な同僚よりも職務において優れている、と考えている。

（2）Elster, *Sour Grapes*, 22.〔エルスター『酸っぱい葡萄』、前掲書、三四頁〕

（3）David Hume, *A Treatise on Human Nature* (New York: Doubleday, 1961), 443.〔ヒューム『人間本性論　第3巻　道徳について』、前掲書、四四頁〕

27　**職業的不名誉**

（1）　In *Torture: A Collection* (Oxford: Oxford University Press, 2004). Sanford Levinson, professor of government at the University of Texas at Austin; Jean Bethke Elshtain, University of Chicago political philosopher; Richard Posner, judge of the U.S. Court of Appeals and senior lecturer at the University of Chicago Law School; and Alan Dershowitz, Harvard University law professor ――すべての研究が、拷問を正当化し、制度化する方向でおこなわれており、グアンタナモ湾収容キャンプやアブグレイブ刑務所、そのほかの極秘収容所では拷問が採用され、のちに司法長官アルバート・ゴンザレスによって支持された。

28　**確立された不名誉**

（1）　ルース・ベネディクトの主張によれば、精神医学において、好戦的あるいは疑り深い性格として排斥されるあらゆる性格特性や衝動に関して、人類学者はそれが肯定的に評価されている文化を知っており、またそれは十分に裏付けられたものでもある。例えば、トランス状態はバリ島においてはありふれたものであり、さかんに研究もされているが、中世ヨーロッパにおいてもありふれたものであり、言説や社会慣行においてしかるべき位置を占めていた。それに対し、現代の西欧文化における言説では、トランス状態の経験は解離特性の事例として、精神病理学の語彙に翻訳される。しかしながら、人間の欲動や衝動をすべて肯定的に評価する文化が皆無であるというわけでもないようだ（Ruth Benedict, "Anthropology and the Abnormal," in *An Anthropologist at Work*, ed. Margaret Mead [Boston: Houghton Miffl in, 1959], 262–83）。

29　**見捨てられる名誉**

（1）　Daniel Paul Schreber, *Memoirs of My Nervous Illness*, trans. Ida Macalpine and Richard A. Hunter (London: W. Dawson, 1955).〔ダニエル・パウル・シュレーバー『ある神経病者の回想録』、渡辺哲夫訳、講談社学術文庫、二〇

一五年〕

（2）　殺人事件が裁かれるのは、社会への脅迫である、暴力の独占的使用を不当に使用する状況によってである。しかし、組織犯罪やギャング同士の抗争によって引き起こされる殺人事件以外、大半の殺人事件は一時の激情に駆られて犯す犯罪である――失恋の相手やライバル、さらに自分の子どもや、恋敵の子どもを殺す場合さえある。殺人を犯すのは、失った名声を取り戻したいと願う人物や、まだかろうじて存在している名声を高めたいと願う人物である。刑務所において精力的に働いてきた医師のジェームズ・ギリガンはその事情を次のように説明している。「暴力をふるう目的は、羞恥心を弱め、可能な限りその反対物、つまり誇りと置き換えるためである。その結果、当の人物は羞恥心で押しつぶせれずにすむことができる。殺人のような他人に対する暴力は、恥と誇りを置き換えようとすることだ……。暴力的な人物の多くは「冷静」と自信の仮面をつけている。その仮面の下には、もしその仮面を誤って滑り落とそうものなら、「体面を失うこと」を知っていることから生じる絶望によって、「面目」を失うことだけではなく、名誉、名声、社会的地位のすべて失うことにビクビクしている人間がいるのだ」（James Gilligan, *Violence: Our Deadly Epidemic and Its Causes* [New York: Putnam, 1996], 111–12）。

（3）　第一次湾岸戦争ではハイテク兵器が使用され、二十五万人の人びとが殺害され、そのうちのわずか二百五十人が戦闘員であり、さらにその半数が亡くなったのは味方による誤爆によってであった。コソボ戦争ではNATO軍に死者はなく、二〇〇一年のアフガニスタン攻撃ではアメリカ海軍の一部隊が亡くなった。戦争はもはや戦場でおこなわれるのではない。高高度爆撃は民間人を脅かすことによって、結果としてかれらの軍事リーダーたちを拒絶させることを目的にしているのだ。

写真について

扉絵　リオデジャネイロ、ブラジル、一九九三年。
I　ここにいること　サント・ドミンゴ、ドミニカ、一九九四年。
II　声　ウォダベ族、ニジェール、二〇〇〇年。
III　誓いのことば　ブータン、一九九六年。
IV　ヴィジョンズ　バリエム渓谷、イリアンジャヤ、インドネシア、一九八〇年。
V　わたしの物語　サマルカンド、ウズベキスタン、二〇〇一年。
VI　他者を認め、あなたに触れる　モンゴル、二〇〇三年。
VII　言わなければならないこと　クスコ、ペルー、一九九〇年。
VIII　わたしの声　オモラテ、エチオピア、二〇〇〇年。
IX　不名誉　女形、パタヤ、タイ、一九九六年。
X　パーリアたち　センタニ湖、西パプア州、インドネシア、一九八〇年。

（撮影は著者）

微小な細菌が体内に侵入したことで、わたしたちは命を落とすことがある。何かがほんのすこしでも違っていたら、わたしは今ここに生きていなかったかもしれない。偶然や死によって、意志や生存を断たれる人間。地球上に氷河やカメレオンが存在することが偶然であるように、このわたしの存在も偶然ではないか。物質世界に偶然生じた組成物である生命体に、意識的な個としての「わたし」はどのようにして生じたのか。リンギスはそう問うことから「わたし」という存在について思考をめぐらせる。

リンギスの描く「わたし」は、まずもって物質からなる生命体である。わたしは身体であり、血液や体液が循環し、栄養や水を摂取し、不要なものを排出する。固有の感性、神経回路、概日リズム、テンポ、音楽性を備え、その外部にある人、もの、環境と常に呼応し、変化していく。

本書の原題である「一人称単数」とは文法用語で、話し手がみずからを指す「わたし」ということばのことだ。リンギスは、ふだんわたしたちが何気なく口にする「わたし」ということばに、わたしという存在を支え導く力を見出す。「わたし」ということばは、自分を尊重する第一の根源的な方法だとリンギスはいう。「わたし」と言うことは、自分を他のものと隔て、ただひとりの自分を確認することである。「わたしは男だ」、「わたしはダンサーだ」、「わたしは母親だ」。これらのごくシンプルなことばで構成された「誓いのことば」を心のなかで唱え、また公言するとき、わたしはみずからを確認し、勇気を奮い立たせ、あるべき未来の幻を心に描くことができる。

ことばには力がある。ことばは認識するものを強化する。ことばは事物の幻想《ヴィジョン》を呼び起こす。ことばはわたしたちに命令する。リンギスが注目するのは、予言としてのことばである。

わたしがみずからに語ることばや物語、誓いのことばは、みずからの尊厳と切り離すことができない。今日では、個人が心のうちを不特定多数の人びとに発信することが当たり前のものとなり、ブログやSNSには見知らぬだれかの物語があふれている。とはいえ、わたしたちは、みずからの誓いのことばをこうした日常の世俗的な会話から隔て、心のうちに秘めておくこと、つまり聖別することができる。わたしのうちにある聖所ともいうべき領域に聞こえる声を、リンギスは良心の肉声と呼ぶ。

さて、「一時の感情に我を失う」という言い方がある。自分の感情を理性や意志の力でコントロールできないことはネガティブなものとしてとらえられることが多い。ところがリンギスは「感情にとらわれた状態」がわたしを見出すという。ある対象がこのわたしが担うべきものとして迫ってくるとき、わたしは自分にとって重要なもの、自分が真にやりたいことを理解する。それは私的な感覚で、見方によっては非合理的な判断かもしれない。人は自分がどうしてもやらなくてはならないと思うことのために、この世の損得を顧みず、すすんで命を危険にさらすことさえある。偶然の事象に自分の物語を発見したとき、人はそれを運命というのだろう。リンギスはニーチェを引用しながら、わたしたちがみずからの人生について語る物語は「美的な動機」に支配されているとする。

自分の行動や決断を合理的で説明的な図式で概念化したところで、わたしたちはみずからを知ることにはならないとリンギスはいう。わたしたちは予兆や前兆にみちびかれており、偶然の出来事のなかに命令を直観するのである。わたしたちはみずからの誓いのことばを信じなくてはならない。そして、信念とは意図して生じさせることができない状態ではないか。本書において、ことば、信念、思考は、わたしたちのもとに到来するものとしての様相を帯びる。情念、直感、身体は、意志、理性、計画を超えて、わたしたちにみちびきを与える。偶然や死は、わたしたちの生に飛躍をもたらす契機といえるかもしれない。死において、そして死の先にも、「わたし」はある。リンギスの繊細な筆致で描かれた「わたし」をめぐる考察は、このたったひとりのささやかなわたしが存在することへの肯定と、その大きな広がりに心を向けさせてくれる。

＊　＊　＊

本書は、アルフォンソ・リンギス *The First Person Singular*, Northwestern University Press（2007）の全訳である。著者のアルフォンソ・リンギス（一九三三年〜）はアメリカ合衆国で活躍する哲学者であり、メルロ＝ポンティ、レヴィナス、クロソフスキーのすぐれた英訳者として知られている。一九八三年の *Excess* を皮切りに多数の著書があり、世界各地への旅から得られた洞察、写真、情動的な文体で構成されたエッセイは高い評価を得ている。日本語では『汝の敵を愛せ』（原題 *Dangerous Emotions*）、『何も共有していない者たちの共同体』（原題 *The Community of Those Who Have Nothing in Common*）『異邦の身体』（原題 *Foreign Bodies*）、『信頼』（原題 *Trust*）などがすでに翻訳されている。リンギスのプロフィールや著作の哲学的評価については、これらの既訳の解説や訳者あとがきに詳しく書かれているので、ぜひ参照していただければと思う。

本書の翻訳は、1〜8、22〜25を筆者が、9〜21、26〜29を小林耕二が担当した。各自が担当箇所を訳したあと、互いの訳文を検討して訳語や表現の統一をはかった。本文中の引用箇所は既訳を参照し、必要に応じて適宜変更を加えている。また、邦題は『わたしの声――一人称単数について』とした。さまざまな声が響きあう世界にあって、わたしが自身を「わたし」と呼ぶことば、そしてその声に、みずからを見出すという意味をこめている。

最後に、水声社の村山修亮さんは、丁寧な読みと惜しみのないお力添えでわたしたち訳者に伴走してくださった。当初の予定よりも時間がかかりご迷惑をおかけしたが、村山さんのご尽力と励ましに支えられてどうにか完成させることができた。しるして心からの感謝を表したい。

訳者を代表して　水野友美子

著者・訳者について——

アルフォンソ・リンギス（Alphonso Lingis）　一九三三年、リトアニア系移民の子としてアメリカ合衆国に生まれる。ペンシルヴァニア州立大学名誉教授。世界各地に長期滞在しながら、哲学的かつ文化人類学的な著作を発表し続けている。主な著書に、『汝の敵を愛せ』（中村裕子訳、洛北出版、二〇〇四年）、『何も共有していない者たちの共同体』（野谷啓二訳、洛北出版、二〇〇六年）、『信頼』（岩本正恵訳、青土社、二〇〇六年）、『変形する身体』（小林徹訳、水声社、二〇一五年）、『暴力と輝き』（水野友美子＋金子遊＋小林耕二訳、水声社、二〇一九年）などがある。

＊

水野友美子（みずのゆみこ）　一九八三年、富山県に生まれる。ロンドン大学ゴールスミス校大学院修士課程、一橋大学大学院修士課程修了。専攻、アートの人類学・映画学。主な訳書に、マイケル・タウシグ『ヴァルター・ベンヤミンの墓標』（共訳、水声社、二〇一六年）、ジョアオ・ビール『ヴィータ——遺棄された者たちの生』（共訳、みすず書房、二〇一九年）などがある。

小林耕二（こばやしこうじ）　一九六九年、広島県に生まれる。東京外国語大学を経てチェコ政府給費留学生としてカレル大学に留学。専攻、東欧文化研究（美学）、ヤン・ムカジョフスキー研究。総社土曜大学主宰。主な訳書に、ティム・インゴルド『メイキング』（共訳、左右社、二〇一七年）、アルフォンソ・リンギス『暴力と輝き』（共訳、水声社、二〇一九年）などがある。

装幀——宗利淳一

わたしの声——一人称単数について

二〇二一年八月二〇日第一版第一刷印刷　二〇二一年九月三日第一版第一刷発行
著者——アルフォンソ・リンギス
訳者——水野友美子・小林耕二
発行者——鈴木宏
発行所——株式会社水声社
東京都文京区小石川二—七—五　郵便番号一一二—〇〇〇二
電話〇三—三八一八—六〇四〇　FAX〇三—三八一八—二四三七
［編集部］横浜市港北区新吉田東一—七七—一七　郵便番号二二三—〇〇五八
電話〇四五—七一七—五三五六　FAX〇四五—七一七—五三五七
郵便振替〇〇一八〇—四—六五四一〇〇
URL : http://www.suiseisha.net
印刷・製本——ディグ
ISBN978-4-8010-0580-8
乱丁・落丁本はお取り替えいたします。

叢書　人類学の転回

非-場所――スーパーモダニティの人類学に向けて　マルク・オジェ　二五〇〇円
自然と文化を越えて　フィリップ・デスコラ　四五〇〇円
反政治機械――レソトにおける「開発」・脱政治化・官僚支配　ジェームズ・ファーガソン　五〇〇〇円
経済人類学――人間の経済に向けて　クリス・ハン＋キース・ハート　二五〇〇円
流感世界――パンデミックは神話か？　フレデリック・ケック　三〇〇〇円
法が作られているとき――近代行政裁判の人類学的考察　ブルーノ・ラトゥール　四五〇〇円
変形する身体　アルフォンソ・リンギス　二八〇〇円
暴力と輝き　アルフォンソ・リンギス　三二〇〇円
フレイマー・フレイムド　トリン・T・ミンハ　四〇〇〇円
多としての身体――医療実践における存在論　アネマリー・モル　三五〇〇円
ケアのロジック――選択は患者のためになるか　アネマリー・モル　三二〇〇円
作家、学者、哲学者は世界を旅する　ミシェル・セール　二五〇〇円
部分的つながり　マリリン・ストラザーン　三〇〇〇円
模倣と他者性――感覚における特有の歴史　マイケル・タウシグ　四〇〇〇円
ヴァルター・ベンヤミンの墓標――感覚における特有の歴史　マイケル・タウシグ　三八〇〇円
インディオの気まぐれな魂　エドゥアルド・ヴィヴェイロス・デ・カストロ　二五〇〇円

＊

人類学関連書

新型コロナウイルス感染症と人類学――パンデミックとともに考える　浜田明範・西真如・近藤祉秋・吉田真理子編　三二〇〇円
チカーノとは何か――境界線の詩学　井村俊義　二八〇〇円
不信の支える信仰共同体――ネパールのプロテスタンティズムについての民族誌的研究　丹羽充　四〇〇〇円
市民社会と政治社会のあいだ――インド、ムンバイのミドルクラス市民をめぐる運動　田口陽子　四〇〇〇円
ジカ熱――ブラジル北東部の女性と医師の物語　デボラ・ジニス　三〇〇〇円

［価格税別］